Aalglatt
mit Knoten

Für Melinda und Marnie

Marion Treche

Aalglatt
mit Knoten

Eine Kuriositätensammlung
aus dem Reich der Tiere

Marion Treche, Jahrgang 1970, lebt und schreibt in ihrer Geburtsstadt Berlin. Das Leben teilt sie mit ihren beiden Töchtern und mehreren Haustieren. Freiberuflich jongliert die gelernte Fremdsprachenkorrespondentin, Wirtschaftsübersetzerin und Autorin für Sachliteratur mit Worten hin und her. Diverse Veröffentlichungen können auf ihrer Homepage www.mariontreche.de verfolgt werden.

Bibliografische Information der Deutschen Nationalbibliothek:
Die Deutsche Nationalbibliothek verzeichnet diese Publikation in der Deutschen Nationalbibliografie; detaillierte bibliografische Daten sind im Internet über http://dnb.d-nb.de abrufbar.

© 2007 Marion Treche
Zeichnungen: Marion Treche
Herstellung und Verlag: Books on Demand GmbH, Norderstedt
ISBN 978-3-8334-7939-7

Inhaltsverzeichnis

Vorwort

Wie menschlich sind Tiere? Diese Frage hat uns Menschen schon immer fasziniert, denn Tiere wecken unsere Bewunderung und Neugier. Sie verlocken uns dazu, in ihre Haut zu schlüpfen und uns auszumalen, wie ihr Leben sein mag. Gleichermaßen dichten wir unseren Haustieren ein bestimmtes Benehmen an, das wir aus unserem eigenen menschlichen Verhalten kennen.

Den Startschuss zur Vermenschlichung hatte Charles Darwin abgefeuert, als er im Jahre 1871 Tiere zu den Verwandten des Menschen ordnete. Damit löste er nicht nur einen Sturm der Empörung und Ablehnung bei seinen wissenschaftlichen Kollegen aus. Seine Behauptung, Tiere verfügen über menschenähnliche geistige und psychische Fähigkeiten, brachte auch eine Welle von Tiergeschichten und Erlebnisschilderungen aus der Bevölkerung ins Rollen.

Sicher sind da trügerische Verhaltensparallelen zwischen Mensch und Tier. Man kann Tieren ein gewisses Maß an menschlichem Benehmen beibringen, vorausgesetzt man hält sich an das Motto: Lernen durch Erfolg! Das heißt, das Verhalten von Tieren wird mit Belohnung und Bestrafung gestaltet. Es mag nett sein, wenn ein Hund dem Besucher eifrig sein Pfötchen entgegenstreckt. In seiner Absicht liegt sicher nicht, den Gast zu begrüßen. Vielmehr erhofft er sich einen Leckerbissen für das vollbrachte Kunststück – so wie er es nun einmal gelernt hat.

Doch es gibt sie, die Ähnlichkeiten mit dem menschlichen Leben in der Tierwelt. Dass der Speichelfluss eines hungrigen Hundes enorm zunimmt, so als würde ihm das Wasser im Mund zusammenlaufen, sobald man ihm Futter vor die Nase hält, ist wissenschaftlich belegt. Doch Tiere teilen nicht nur Nervensystem, Skelettaufbau oder Kreislauf mit uns Menschen, sondern auch viele Verhaltensweisen. Beispielsweise wissen Tiermännchen instinktiv, wie sie die Glücksgefühle ihrer Angebeteten zu Paarungszwecken wecken können. Es ist nachgewiesen, dass Tierpaare – sofern ihre Gattung es für sie vorsieht – länger leben als deren Artgenossen, die in Gefangenschaft allein gehalten werden. Und Beutetiere richten sich nach dem Prinzip: Einigkeit macht stark und die Schwachen mächtig. Wenn sie sich bei drohender Gefahr in Massen versammeln, hat der Fressfeind kaum eine Chance auf Erfolg.

Wenn wir uns auf Tiere einlassen, kommen wir kaum umhin, sie als bewusst Handelnde zu empfinden und zu beurteilen. Wir geben ihnen Namen, kommentieren ihr Benehmen und reden mit ihnen. Diese Art der Vermenschlichung ist überhaupt nicht abwegig, denn sie ist auf die lange Entwicklungsgeschichte des Menschen zurückzuführen. Als „Gruppentiere" liegt es uns im Blut, Absichten unserer „Artgenossen" zu erkennen oder zu begründen. Kein Wunder also, wenn wir meinen, bestimmte menschliche Züge in unserem Hund, unserer Katze zu erkennen. Je mehr wir uns mit einem anderen Lebewesen identifizieren können, desto vertrauter wird uns dessen Benehmen erscheinen. Ganz menschlich eben.

Feste feiern

Es ist wieder so weit. Papas melodisches Abendgeheul ertönt – stimmgewaltig und kilometerweit zu hören. Blitzschnell kommen seine Kinder in Tarzanmanier durch die Äste geturnt, um der väterlichen Gesangsstunde zunächst einmal andächtig zu lauschen. Bald darauf ist kein Halten mehr und die Kinderschar hopst wie wild umher und umarmt sich vor lauter Begeisterung wieder und wieder. Gibbons lieben solche Vorstellungen eben.

Feiern Tiere tatsächlich Feste? Zahlreiche Beispiele aus der Tierwelt weisen darauf hin. Die Gelegenheiten, die dazu Anlass bieten, beruhen auf Freude, Massenhochzeiten, Trauer, Wut oder – bei maßlosem Genuss gegorener Früchte – auf einem Schwips.

Ein guter Grund zur Freude ist, wenn man einen lauernden Feind überlistet hat und dieser erfolglos von dannen zieht. So kauern sich beispielsweise die Totenkopfaffen ganz eng aneinander und ohne sich zu mucksen, weil eine Raubkatze unter ihrem Baum umherschleicht. Zieht sie unverrichteter Dinge weiter, explodieren die Äffchen regelrecht, sobald die Raubkatze außer Hörweite ist. Es wird gekreischt, umarmt und in den Zweigen hin und her geschaukelt. Der Freudentanz der Rebhühner ist ebenfalls beachtlich: Federbällchen gleich springen sie fast einen halben Meter hoch, wenn sie einen gierigen Fuchs überlebt haben.

Es gibt aber auch andere Gründe, weswegen sich Tiere gern Erleichterung verschaffen. Tobt beispielsweise in den Bergen ein stundenlanger Schneesturm, müssen Gämsen dicht an die Felsen gedrückt ausharren. Sobald die Sonne wieder scheint, lösen sie sich aus ihrer Regungslosigkeit, springen wie verrückt durch die Gegend und spielen auf einem abschüssigen Schneefeld Schlittenfahren, mit eingeknickten Hinterbeinen.

Außer Rand und Band sind Affenweibchen, sobald eine Gefährtin ein Baby geboren hat. Sofort kommen alle anderen Weibchen herbei, um den Sprössling zu bestaunen, ihn zu kraulen, mit den Lippen zu schmatzen und Grimassen zu schneiden. Die Männchen zeigen keinerlei Interesse am Neugeborenen, die Weibchen hingegen setzen sich im Kreis zusammen und reichen es der Reihe nach weiter. Bleibt das Affenbaby bei einer Tante auch nur einen Moment zu lange, werden die anderen Weibchen ganz kribbelig und wollen es ihr am liebsten aus den Armen reißen.

Die Massenverlobung der Flamingos löst ebenfalls jede Menge Freude aus. An die achthunderttausend Vögel stehen mit dem Kopf nach unten am Seeufer. Irgendwo in der Menge fährt plötzlich ein Kopf hoch, aus dessen Kehle ein anhaltender Laut röhrt. Dann breitet der Flamingo seine Flügel aus und startet grazil und erhobenen Hauptes seinen Parademarsch durch die Vogelschar. Kurze Zeit später schnellen hier und da weitere Köpfe in die Höhe, dann immer mehr. Am Ende sind es einige tausend Flamingos, die von der Massenekstase mitgerissen werden. Im Gleichtakt der Bewegungen finden sich dann die Männchen und Weibchen zusammen, die miteinander harmonieren. Die Eheschließung erfolgt einige Tage später.

Richtig wütend werden Schimpansen bei Unwetter. Als wollten sie sich vor dem Wettergott behaupten, verprügeln sie Bäume, um zu zeigen, was für eine furchterregende Kampftruppe sie doch sind. Diese Ausbrüche können bis zur totalen Erschöpfung der Schimpansenmännchen führen. Die Weibchen sind davon mächtig beeindruckt, schließlich folgt nach einem Unwetter tatsächlich wieder Sonnenschein.

Elefanten empfinden große Trauer, wenn ein Herdenmitglied stirbt. Die Trauerfeierlichkeiten der Afrikanischen Elefanten sind ausgesprochen ungewöhnlich. Stirbt ein Elefant den Alterstod oder aufgrund einer Krankheit, wird der Leichnam von den Herdenkameraden drei Tage lang bewacht und vor Aasfressern verteidigt. Sie begraben ihn sogar, indem sie ihn mit Erde und Grasbüscheln bedecken, und besuchen diesen Ort auch nach Jahren immer wieder – für eine Art Gedenkfeier.

Dass Tiere Feste feiern, kommt in der Natur nicht häufig vor. Aber einigen Tieren scheint es richtig zu gefallen, gemeinsam in Freude auszubrechen, Schmerz zu teilen oder in der Gruppe vor Wut zu rasen und den wilden Mann zu spielen.

Passionsblumen können zaubern

Der Heliconius-Schmetterling hat es schwer. Für die Eiablage benötigt er die Blätter der Passionsblume, doch dieses Rankengewächs arbeitet mit allen Tricks, um gerade das zu verhindern. Denn auch für die Passionsblume ist es nicht leicht, sich zu entwickeln, da sie zum Keimen Sonne braucht – ein Zustand, der in den tropischen Regenwäldern Süd- und Mittelamerikas nur äußerst selten vorkommt. Erst wenn beispielsweise ein Baum umstürzt, beginnt die verrückte Entwicklungsgeschichte der Pflanzen- und Schmetterlingsarten.

Sobald die ersten Sonnenstrahlen den Urwaldboden erreichen, beginnt die Passionsblume zu sprießen, dann mächtig zu wachsen. Ein Insektenbefall würde die Pflanze auf ihrem Rankenweg in die Wipfel des Urwaldes enorm schwächen, wenn nicht gar eingehen lassen. Deswegen schützt sich die Passionsblume gegen den mörderischen Insektenfraß zunächst mit einem selbst hergestellten Gift, mit dem sie fast alle Insekten von ihren Blättern vertreiben kann. Nicht jedoch die Heliconius-Schmetterlinge.

Diesen Schmetterlingen macht das Gift überhaupt nichts aus, im Gegenteil, es ist ihnen sogar nützlich. Während der Nahrungsaufnahme sammeln sie es in ihrem Körper und werden dadurch für ihre Fressfeinde ungenießbar. Vor allem Vögel scheinen das zu wissen, denn auf sie haben die Flügelmuster der Heliconius-Falter eine abschreckende Wirkung. Und das ist ein wichtiger Grund, warum diese Schmetterlinge ihre Eier auf den Blättern der Passionsblume ablegen wollen: So können die Raupen gleich nach dem Schlüpfen von dem vorteilhaften Gift naschen.

Doch auch gegen dieses Problem weiß sich die Passionsblume zu wehren. Sie trägt in ihren Blüten und Blättern Drüsen, die einen speziellen Saft ausscheiden. Durch den Duft dieses Nektars werden Armeen von Ameisen angelockt, und deren Leibgericht sind Schmetterlinge und Raupen.

11

Da ein Schmetterlingsweibchen niemals seine Eier dort ablegt, wo Ameisen krabbeln, erweist sich die Suche nach dem idealen Ablageplatz als recht verzwickt. Dass es etwa fünfhundert verschiedene Arten von Passionsblumen gibt, ist für den Heliconius-Falter nicht weiter von Bedeutung. Er erkennt sie alle – am Duft und durch sein Schmetterlingsauge. Ältere Falter eignen sich mit der Lebenszeit regelrechte Botanikkenntnisse an: Sie erkennen die Passionsblume an der Blattform.

Und hier schlägt die Rankenpflanze mit einem weiteren Zaubertrick zu. Sie besitzt die Fähigkeit, ihren Blättern die Gestalt fremder, in der Nachbarschaft wachsender Pflanzen zu verleihen, die für Schmetterlingsraupen ungenießbar sind und deswegen als Eiablageplatz überhaupt nicht in Frage kommen.

Um das echte Passionsblumenblatt ausfindig zu machen, bleibt dem Heliconius-Falter nichts anderes übrig, als jedes Blatt mit den Geschmacksknospen seiner Vorderfüße abzutasten. Doch auch dieser enorme Arbeitsaufwand will noch lange nicht von Erfolg gekrönt sein, denn die Passionsblume kann noch einen weiteren Kunstgriff aus ihrer Trickkiste zaubern.

Heliconius-Raupen sind Kannibalen, die sich gegenseitig auffressen würden. Aus diesem Grund legen die Schmetterlingsweibchen nur jeweils ein Ei auf ein Blatt. Blätter, auf denen bereits ein Ei liegt, werden erst gar nicht in Betracht gezogen. Wissenschaftler fanden heraus, dass einige Passionsblumenarten vorgeben können, es befänden sich bereits Schmetterlingseier auf ihren Blättern. Die Nektardrüsen auf den Blättern locken nicht nur Scharen von Ameisen an, sondern können tatsächlich Schmetterlingseier in Form und Farbe nachbilden. Lediglich einige unbedeutende Nebenblätter weisen keine Scheineier auf. Deponiert der gebeutelte Falter nun ein Ei auf ein solches unbesetztes Blättchen, schmeißt die Passionsblume dieses Nebenblatt einfach ab. So ist sie ihren Feind losgeworden, bevor er geschlüpft ist.

Trotz aller Schwierigkeiten finden Heliconius-Schmetterlinge noch genügend Blätter zur Eiablage. Die Passionsblume erschwert deren Vermehrung jedoch erheblich und beugt so einer Überbevölkerung vor, da die gefräßigen Schmetterlingsraupen schwerwiegende Schäden im tropischen Regenwald anrichten könnten.

Das Demutsverhalten ist eine wirkungsvolle Geste, um einen stärkeren Artgenossen freundlich zu stimmen.

Andere Augen

Zimperlich darf man als Fliege nicht sein. Neben seinen Facettenaugen und den dadurch mosaikähnlich entstehenden Bildern verfügt ein Fliegenmännchen zudem über einen spezialisierten Augenbereich, damit es fliegende Weibchen am Himmel ausfindig machen kann. Das Aufspüren klappt eigentlich recht gut, nur bekommt der Liebestolle leider allzu oft einen Korb – und zwar von Geschlechtsgenossen oder anderen Insekten, die überhaupt keine Fliegen sind.

Ungünstigerweise kann das Fliegenmännchen nämlich lediglich schwarze Pünktchen am Himmel sehen und meint sofort, es handele sich dabei um Fliegenweibchen. Sobald er eines gesichtet hat, startet es seinen Paarungsversuch. Zwischen fortpflanzungstauglich und dem Gegenteil scheint diese spezialisierte Augenregion, die sich im oberen Stirnbereich des Männchens befindet, nicht unterscheiden zu können. Aber sie funktioniert zur Auflösung von Kontrasten ganz prima. Sogar vor gleißendem Licht kann ein Fliegenmännchen die betörenden schwarzen Pünktchen ausmachen. Auch aus weiter Ferne vermag es das.

Sehen ist ja ohnehin ein Fernsinn, im Gegensatz zum Schnuppern, Schlecken und Schmecken. Durch das Sehen kann in einem größeren Bereich Futter gesucht oder beim Fressen die Gegend nach Feinden und Fluchtmöglichkeiten abgesucht werden. Ferner gibt der Sehsinn Auskünfte zu Strukturen und Farben sowie über Entfernungen.

Jede Tiergattung hat andere Augen. Wirbeltiere benutzen wie die Menschen die Variante „Glaskörper mit Netzhaut". Auf der Netzhaut sitzen in etwa 120 Millionen Stäbchenzellen, die zwischen hell und dunkel unterscheiden können, sowie zusätzliche sechseinhalb Millionen Zäpfchenzellen, die auf Farben reagieren.

Vögel besitzen eine besonders ausgereifte Version. Ihre Augen verfügen nämlich über noch mehr Zäpfchenzellen, die weitere

Farben, wie beispielsweise ultraviolettes Licht, wahrnehmen können. Menschen können diese Farbe mit bloßem Auge nicht erkennen. Um sie sichtbar werden zu lassen, benötigen sie ein spezielles, künstlich erzeugtes Licht. Indem Vögel UV-Licht erkennen, sehen für sie nicht alle gelben Blumen gleich aus. Sie erkennen blitzschnell, welche gelbe Blüte sie anfliegen müssen, weil in ihr viel Nektar enthalten ist. Die für Vögel wichtigste Farbe ist allerdings Rot. Sie zeigt ihnen die für Vögel lebenswichtigen Futterquellen, wie Beeren oder Blüten, an.

Bienen können ebenfalls Farben sehen. Sie lieben vor allem blaue Blüten, rote dagegen meiden sie. Das ist auch gut so, weil sie bei den roten Blüten doch den Vögeln begegnen könnten, und die würden die Bienen möglicherweise gleich zusammen mit dem Blütennektar vernaschen.

Es ist somit sinnvoll, dass Augen und deren Farbsensoren bei den verschiedenen Tiergattungen unterschiedlich aufgebaut und verteilt sind. Was die männliche Fliege davon hält, dass sie nur schwarze Pünktchen statt Weibchen ihrer Art klar erkennen kann, ist nicht bekannt. Schließlich kann ein Biologe bei der Fliege nicht nachfragen. Aber irgendwie wird es schon gehen. Sie darf eben nicht zimperlich sein.

Von magischen Augen

Starr vor Entsetzen kippt das Huhn nach hinten und bleibt auf dem Rücken liegen, die Beine steif in die Höhe gestreckt. Es war der ausgestopfte Habicht eines amerikanischen Wissenschaftlers, der das Huhn bei einem Experiment in diesen scheintodähnlichen Zustand beförderte. Doch was geschah tatsächlich mit dem Federvieh? Hatte es einen Schock erlitten? Schlief es einfach nur? Oder stellte es sich tot? Vielleicht war es aber auch hypnotisiert!

Waren die Augen des toten Greifvogels hinter einem Tuch verborgen, schien keinerlei Gefahr von ihm auszugehen, und die Hühner bewegten sich ganz sorglos in ihrem Gehege. Sobald die Augen der Vogelattrappe aber sichtbar wurden und sich auf eine Henne richteten, erstarrte diese zur Salzsäule, kippte um und blieb vor Schreck liegen. Ein Teufel wird sicher nicht aus den Glasaugen des ausgestopften Habichts gesprungen sein. Was also löste dann diese Reaktion bei der Henne aus?

Es sind extreme Angstgefühle, die diese hypnotisierende Wirkung haben. Die Angst davor, gefressen zu werden. Ausgelöst wird sie am heftigsten, wenn zwei feindliche Augen durchdringend blicken, denn in der Tierwelt starrt ein Tier ein anderes nur dann unbeirrt an, wenn es das zukünftige Opfer auch fressen will. Kippt das unterlegene Tier dann noch in die Rückenlage – die Stellung vor dem Gefressenwerden –, wird das Angstgefühl instinktiv noch gesteigert.

Nach dieser Erkenntnis wurden weitere Experimente durchgeführt und eine Vielzahl Tiere verschiedener Gattungen hypnotisiert, sogar Insekten. Bei jedem Versuch wurde das Schreckgespenst präsentiert, das bei dem jeweiligen Tier lähmendes Entsetzen hervorrufen konnte. Reihenweise sackten die Tiere scheinbar leblos in sich zusammen. Einige zitterten geschockt am ganzen Körper, bei anderen trudelte vor Schreck der Kopf nach vorn. Tiere, die mehr Großhirn besitzen, ließen sich schwerer verhexen. Besonders schnell fielen hingegen Insekten und Frösche in den Trancezustand, wenn sie von feindlichen Augen dämonisch angestarrt wurden. Hypnotisieren ließen sie sich alle, wenn man von einigen niederen Wesen wie Regenwürmern absieht. Welchen tieferen Sinn hat aber dieser Trancezustand in der Welt der Tiere?

Es ist ein einfacher Trick, der das Leben retten kann, denn die Hypnose löst eine Bewegungslosigkeit aus. Eine Vielzahl der fleischfressenden Tiere kann nämlich nur bewegte Dinge sehen. Was sich nicht regt, verschwimmt vor ihren Augen zu einem dicken Schleier. Aus diesem Grund wird beispielsweise eine Schlange auch keine zur Salzsäule erstarrte Maus verspeisen können. Erst wenn das Opfer sich bewegt, schlägt die Schlange zu. Rehmütter wenden diesen Trick sogar instinktiv an, um ihre Kinder vor Feinden zu schützen. Bevor die Mutter den Liegeplatz verlässt, drückt sie ihr Kleines ganz fest auf den Boden. Das Kitz bleibt dort so lange bewegungslos liegen, bis die Mutter es nach ihrer Rückkehr durch einen besonderen Laut wieder aufweckt.

Selbst das Huhn wird bei entsprechender Verhaltensweise keine Federn lassen müssen. Die lebensrettende Maßnahme beim Federvieh ist das Brüten. Fest auf das Nest gedrückt und ohne zu glucksen, wird die brütende Henne nicht in die Klauen oder Krallen hungriger Jäger fallen.

Tiere beherrschen die Friedenssprache

Flucht als Lösung eines Konflikts? Das ist undenkbar für gesellig lebende Tiere, denn es gibt für sie kaum etwas Schlimmeres, als von der Herde getrennt zu sein. Um einen Streit zu schlichten, kennen Herdentiere deshalb eine Vielzahl von Beschwichtigungs- und Demutsgebärden.

Das Demutsverhalten genügt in der Regel völlig, um einen herrschenden Unfrieden abrupt abbrechen zu lassen. Es erzielt eine ähnliche Wirkung wie ein nicht mehr vorhandener Gegner: Der Anreiz zum Weiterkämpfen ist instinktiv verpufft. Sobald der Schwächere sich unterwirft, ist der Sieger kaum mehr in der Lage, noch einmal zuzubeißen.

Meist sind es kindliche Verhaltensweisen, die Tiere anwenden, um den Gegner freundlich zu stimmen. Ein viel versprechender Trick, denn gesellig lebende Tiere scheuen sich davor, ihren Kindern Gewalt anzutun. Ein unterlegener Wolf rollt sich zum Beispiel auf den Rücken, die Pfoten eng an den Bauch gepresst. So hat er es als kleiner Wolf auch getan, wenn ihn seine Mutter sauber geleckt hatte. Eine andere wirkungsvolle Geste aus Kindertagen ist, wenn der Unterlegene seinem stärkeren Artgenossen über die Lefzen leckt – ganz so, als würde er ihn um Futter anbetteln.

Tiere können aber auch mit ihrer ganzen Körperhaltung anzeigen, dass sie sich unterlegen fühlen. Sie machen sich ganz klein und unauffällig und wenden ihre Waffen vom Gegner ab, indem sie ihre Krallen einziehen oder ihre Schnäbel zur Beschwichtigung wegdrehen.

Besonders bemerkenswert ist die Friedenssprache einiger Affenarten. Obwohl beispielsweise Gorillas enorm stark an Muskelkraft sind, tragen sie die Frage der Rangordnung durch scheinbar schlichte Blickduelle aus. Die Gegner starren sich so lange unbeirrt an, bis der schwächere von beiden wegblickt, den Kopf schüttelt und sich als Gescheiterter davonschleicht.

Gorillas benutzen eine weitere Geste, um Schonung zu erbitten. Dabei hocken sie sich auf den Boden und verharren so zusammengekrümmt mit über den Kopf gelegten Armen, um dem Ranghöheren den Rücken zu präsentieren. Diese Stellung schützt sie hundertprozentig vor einem Angriff durch einen Artgenossen. Und dennoch bedeutet gerade diese Haltung für viele Gorillas den Tod – zum Beispiel bei einer Begegnung mit dem Menschen. Für den Jäger ist die instinktive Geste des Gorillas Gold wert, denn auf den Boden niedergekauert und ganz ohne sich zu regen, lassen sich besonders die Weibchen wehrlos erschlagen.

Die Friedenssprache funktioniert also nur innerhalb der jeweiligen Gattung. Ein Tier kann noch so sehr auf die Anwendung seiner Demutsgebärde vertrauen, wenn ein artfremdes Tier sie nicht zu deuten versteht, wird es den Unterwürfigen hemmungslos angreifen.

Kampflos besiegt

Um Gegnern mächtig imponieren zu können, bedient man sich in der Tierwelt gern der Einschüchterungsmittel, die der jeweiligen Tierart dafür zur Verfügung stehen. Die bewährten Methoden sind ausdrucksstarke Lautäußerungen wie das Knurren, Hämmern, Kollern, Röhren, Duellieren mit Gesang, aber auch das Imponieren mit farbigen Prachtkleidern. Ebenso gut funktioniert das mit dem Vergrößern der Körpermasse, indem sich die Tiere aufrichten, ihre Nackenhaare sträuben, die Federn aufplustern oder Kiemendeckel spreizen und natürlich durch Zähnezeigen.

Wenn Weibchen angelockt werden sollen, wird das Imponiergehabe zwar zur Einleitung der Liebesspiele eingesetzt, die tierische Angeberei dient jedoch auch dem Kampf um knappe Güter wie Lebensraum beziehungsweise Nistplatz und Futter oder Wasser. Nur Artgenossen, die dieselben Lebensbedingungen beanspruchen, konkurrieren miteinander.

Das Imponierverhalten der Tiere hat zwei Beweggründe. Zum einen verspürt das Tier den Drang zu flüchten, wenn es seinem Rivalen gegenübersteht, zum anderen will es den Gegner aber auch angreifen, um das begehrte Ziel durchzusetzen. Beim Gegenspieler sieht es genauso aus: Das erschreckte Tier möchte sich abwenden und flüchten, das aufgereizte möchte angreifen.

Ein Tier wird instinktiv versuchen, mit möglichst geringem Aufwand möglichst viel Wirkung zu erzielen. Es nützt ihm nichts, wenn es beim Kampf so schwer verletzt wird, dass es sich anschließend nicht mehr bewegen kann oder an dessen Folgen gar stirbt. Das Tier kann notfalls auch nicht mehr vor Feinden fliehen, wenn es sich beim Kampf zu sehr verausgabt hat oder aus demselben Grunde seine Wanderungen mit der Herde nicht mehr fortsetzen kann. Es wäre also für beide Tiere besser, wenn das Verletzungsrisiko heruntergesetzt und der Konkurrent kampflos vertrieben würde.

Am einfachsten klappt das natürlich bei ungleichen Gegnern. Da genügt normalerweise bereits ein kurzes Aufrichten oder ein lautes Gebrüll aus der Ferne und der Konkurrent ist ohne jeden Körperkontakt und völlig widerstandslos in die Flucht geschlagen.

Erst bei nahezu ebenbürtigen Imponiergegnern, die sich nicht einzuschüchtern vermögen, beginnt das Kräftemessen. Jeder der beiden Gegner wird eifrig bemüht sein, so imposant, mutig und gefährlich wie möglich zu wirken und zu kämpfen, bis der Rivale beeindruckt das Feld räumt und von dannen zieht.

Babysitter im Federkleid

Vögel sind von einer wahren Leidenschaft besessen: dem Füttern. Sobald in Nachbars Nest die Küken schlüpfen, werden manche Vögel richtig kribbelig und wollen nebenan zu gern beim Füttern helfen. Schnell decken sie ihre eigenen Eier mit Federn ab und verschaffen sich Erleichterung, indem sie eifrig Futter für die benachbarten Küken sammeln. Ihre eigenen Eier bebrüten sie erst danach weiter. Sind die Eier wegen der Vernachlässigung verdorben, werden einfach neue gelegt.

Auch für die Nachbarsküken der Trottellummen besteht keine Gefahr, wahnsinnig vor Hunger zu werden. Das in Felswänden über dem Meer lebende Federvolk betreut nicht nur seine eigenen Jungen fürsorglich, sondern auch die benachbarten Küken der Kolonie.

Bei den Küstenseeschwalben steht in Notzeiten ohnehin fest: Sterben die Eltern, noch bevor ihre Brut großgezogen ist, bekommen die Waisen von den Koloniegenossen ein wohltuendes Leckermahl serviert.

Bei einigen Vögeln treibt der Fütterinstinkt ausgesprochen komische Blüten. So kann man gelegentlich beobachten, dass besonders ungeduldige Vogelväter eifrig bemüht sind, bereits die Eier zu füttern.

Der ausgeprägte Füttertrieb erregt selbst die Gemüter der Kleinsten. Obwohl sie in ihrem Nest noch völlig hilflos sind, stopfen sich die Küken gegenseitig die Schnäbel mit den von den Eltern herangeschafften Leckerbissen voll.

Am häufigsten leiten Vogeleltern Fütterhilfsaktionen ein, wenn eine Naturgewalt das Leben ihrer Kinder ausgelöscht hat oder die Kleinen Nesträubern zum Opfer gefallen sind. Eine zuverlässige Fürsorgeeinrichtung ist das nicht, denn oft versiegt der Füttertrieb der verwaisten Eltern nach einer Weile.

Einige Vögel kennen eine weitere Einrichtung, um ihre Kleinen vor unheilvollen Einflüssen zu schützen: den Kindergarten.

Bei den Flamingos ist das eine gängige Methode, um die Kinder während ihrer langen Entwicklungsphase zu beschützen. Weltbekannt sind die Kindergärten der Kaiserpinguine. Nachdem das Küken seine ersten fünf Lebenswochen in der warmen und wohligen Bauchtasche der Eltern verbracht hat, wird es in den Kindergarten gesteckt. Das Kleine versammelt sich mit seinen Altersgenossen in der Mitte der Brutkolonie. Die erwachsenen Vögel bilden einen Ring um die Kükenschar und schützen so die empfindliche Jugendzeit der kleinen Pinguine. In ihrer antarktischen Heimat wird es bitterkalt, und eisige Schneestürme können die Temperatur auf minus sechzig Grad Celsius heruntertreiben.

Eine derart geschlossene Massengesellschaft ist somit der ideale Schutz gegen die Naturgewalten. Munter und vergnügt können die kleinen Kaiserpinguine also umherwatscheln, ohne zu erfrieren. Jedoch kann ihnen die Gefahr drohen zu verhungern – und zwar dann, wenn die Eltern ihr Junges nicht mehr füttern. Der Kindergarten besteht nur, um den Kleinen Schutz und Wärme zu spenden, gefüttert wird jedes Pinguinkind aber ausschließlich von den Eltern. Selbst wenn die Kinderschar noch so laut und aufgekratzt durcheinander tschilpt – die Eltern können ihr eigenes Fleisch und Blut unter Hunderten von Pinguinen anhand der Stimme erkennen.

In der Regel bebrüten, umsorgen und füttern alle Vögel nur ihre eigene Brut. Und dennoch sind sie eifrige Helfer und nutzen gern jede Gelegenheit, um andere Vogeleltern beim Nestbau, Eierbebrüten oder bei der Futterbeschaffung und Kinderbetreuung zu unterstützen.

Patenschaften

So richtig eng ist eine Bindung nur, wenn sich ausschließlich die Elterntiere um den eigenen Nachwuchs kümmern. Das kann besonders in freier Natur erhebliche Nachteile mit sich bringen – und zwar dann, wenn die Eltern sterben. In einigen Tiergruppen ist die Betreuung der Jungen vollständig zur Gemeinschaftsaufgabe geworden, andere übernehmen während der Geburtsphase eine Art Patenschaft.

Delfine machen das so: Bereits bei der Geburt hilft ein Weibchen der Gebärenden, indem sie das Neugeborene betreut und bewacht. Die Geburtshelferin übernimmt gleichzeitig die Patenrolle und kümmert sich um das Baby, als sei es ihr eigenes. Bei Delfinen in Gefangenschaft lässt sich das besonders gut beobachten: Sobald das Muttertier in einer Delfinshow auftritt, betreut die Patin das Junge – und sie nimmt es ganz in ihre Obhut, falls die Mutter stirbt.

Gute Hebammendienste leisten auch Elefantenkühe. Sie säubern das Neugeborene und säugen es sogar. Bei den ersten Aufstehversuchen stützen sie es, und wenn die Herde weiterzieht, nehmen die Helferinnen das Elefantenkalb in die Mitte und halten es mit ihren Rüsseln aufrecht, sodass das Kleine mitlaufen kann. Besonders die älteren Schwestern kümmern sich gern um das Neugeborene. Elefanten leben in sogenannten Mutterfamilien und sind alle miteinander verwandt. Die heranwachsenden Bullen werden beizeiten ausgesondert. Und so sind es Großmütter, Tanten und Schwestern, die das Neugeborene in Obhut nehmen. Die Familienmitglieder gehen mit den Elefantenkälbern ausgesprochen fürsorglich, mütterlich und sanft um. Ein verwaistes Jungtier hat in einem solchen Familienverband beste Überlebenschancen.

Im Wolfsrudel ist die Aufzucht der Jungen von vornherein eine Gemeinschaftsaufgabe. Die ranghöchste Wölfin bringt mehrere Jungen zur Welt. Solange sie die Wolfswelpen säugt und sich von ihnen nicht entfernen kann, wird sie vom Vater und den anderen Rudelgenossen mit Fleisch versorgt. Sobald der Nachwuchs aber komplett entwöhnt ist und feste Nahrung verdauen kann, nimmt die Mutter wieder an den gemeinsamen Jagdzügen teil, während andere Wölfinnen aus dem Rudel die Aufgabe übernehmen, auf die Jungen aufzupassen. Sollte das Muttertier auf einem ihrer Streifzüge verunglücken, werden die jungen Wölfe vom Rudel adoptiert und aufgezogen.

Der Ausbruch der Paarungszeit geht bei den Löwen um wie ein Lauffeuer. So geschieht es häufig, dass mehrere Weibchen eines Rudels gleichzeitig ihre Jungen zur Welt bringen. Die Löwenbabys werden von allen Müttern gemeinsam gesäugt und bewacht. Sollte es einmal vorkommen, dass eine Mutter ihr Baby ablehnt oder nicht säugen kann, wird es von einer anderen Löwenmutter mitbetreut.

Es ist also ausgesprochen zweckmäßig, wenn Geschwister, Großmütter oder Tanten ein wenig miterziehen, sodass sie im Notfall die Mutterrolle ganz übernehmen können und das verwaiste Tierkind nicht verhungern muss.

Papa heizt den Kleinen tüchtig ein

In den Wäldern der australischen Ostküste leben die Erfinder des Brutofens: die Talegalla-Hühner. Mit Beginn der Regenzeit überkommt den Hahn eine so beglückende Schaffenskraft, dass er einen gewaltigen Brutofen baut. Wie besessen sammelt er Unmengen an Laub zusammen, das er dann übereinander schichtet und von Zeit zu Zeit von oben feststampft.

Sein Weibchen schaut während der Bauphase gelegentlich vorbei, um ihm ein wenig zu helfen. Die Talegalla-Hennen sind jedoch äußerst nachlässig, und so spielen sie beim Brutofenbau eher die beobachtende Rolle. Die Arbeitsmoral des Hahns bleibt aber unvermindert hoch. Immerhin benötigt er für sein Bauwerk richtig viel Laub. Der fertige Laubberg ragt bis zu drei Meter in die Höhe und kann im Durchmesser beachtliche neun Meter erreichen.

Es dauert nicht lange, und das vom Regen nasse Laub beginnt im Inneren des Haufens zu gären. Durch die treibende Gärungswärme ist der Brutofen nach etwa vierzehn Tagen auf die perfekte Temperatur eingeheizt. Nun wird die Henne aktiv und legt ihre Eier im Abstand von zwanzig bis dreißig Zentimetern in tiefe Mulden, die sie in den Laubberg gescharrt hat. Es vergehen viele Wochen, bis die Henne alle Eier abgelegt hat. Anschließend sinkt ihr Arbeitseifer aber wieder auf null.

Nicht so der des Hahns, denn der hat selbst nach Fertigstellung des Brutofens tüchtig zu tun. So ein lebensförderndes Bauwerk muss schließlich ordentlich gewartet werden. Deswegen baut der Hahn unermüdlich weiter, steckt prüfend seinen Schnabel in den Haufen oder gräbt Löcher hinein. Diese Löcher regeln die Temperatur im Brutofen. Durch die Luftzufuhr dringt frischer Sauerstoff ins Innere des Laubbergs und die Temperatur kühlt ab. Wenn der Hahn die Löcher verstopft, nimmt die Wärme wieder zu. So kann er die lebensnotwendige Temperatur von fünfunddreißig Grad Celsius fast ohne Schwankungen halten.

Etwa sechzig Tage nach der Eiablage ist es dann so weit: Die Talegalla-Küken schlüpfen aus ihren Eiern. Nun steht ihnen ein wahrer Gewaltmarsch bevor, denn sie müssen sich aus der Tiefe des Laubbergs nach oben wühlen. Bis zu dreißig Stunden kann es dauern, bis die Küken zum ersten Mal das Licht der Welt erblicken.

Das ist gleichzeitig der Moment, in dem die Eltern sich von ihrer Brut abwenden und die Küken für immer verlassen. Da Talegalla-Küken aber Nestflüchter sind, sind sie von vornherein mit allen lebensnotwendigen Fähigkeiten ausgestattet. So können sie etwas, das einmalig in der Vogelwelt ist: Sie sind bereits vierundzwanzig Stunden nach dem Schlüpfen voll flugfähig, außerdem können sie schon auf einem Baum übernachten. Sogar die Nahrungssuche beherrschen sie, ohne dass sie sie je erlernt hätten. Und das ist gut so, schließlich benötigen Talegalla-Küken viel Energie, um einmal ihre endgültige Größe –haushuhn- bis truthahngroß – zu erreichen.

Hahn im Korb

Der Hühnerharem ahmt eine Mutter-Kind-Beziehung mit Leib und Seele nach. So wie die Glucke der Inbegriff einer besorgten Mutter ist, verkörpert der Hahn das Idealbild eines pflichtbewussten Familienoberhauptes. Der Hahn bietet seinen Hennen dieselben Schutzfunktionen, die die Glucke für ihre Küken übernimmt.

Bis ein Hühnerharem gegründet ist, muss zunächst die Rangfolge festgelegt werden. Das geschieht durch die sogenannte Hackordnung. An der Spitze steht immer der Hahn, die Hennen müssen sich einen festen Platz in der Rangordnung erst noch erkämpfen. Werden fremde Hennen also zusammengesetzt, beginnen sie ohne Umschweife mit dem Kampf. Dabei kann es zu äußerst vertrackten Rangfolgen kommen.

Besiegt ein fremdes Huhn beispielsweise die Hühner Nr. 1 und Nr. 2, verliert jedoch den Kampf gegen Huhn Nr. 3, so ist der Neuankömmling den Hühnern Nr. 1 und Nr. 2 übergeordnet und dem Huhn Nr. 3 untergeordnet. Das Huhn Nr. 3 bleibt wiederum den Hühnern Nr. 1 und Nr. 2 untergeordnet. Egal, ob Haushuhn oder Wildhuhn – sie alle durchlaufen als Erstes die Hackordnung. Sobald die Rangfolge geklärt ist, kehrt wieder Frieden in das Hühnervolk ein.

Mehr noch, es wird sogar regelrecht harmonisch, mit jeder Menge Schutzangeboten und viel Fürsorge. Ein Hahn besitzt und verteidigt ein Revier mit drei bis fünf Hennen. Sorgsam führt er seine Hennen zu Wasser- und Futterplätzen, zuvor aber verschafft er sich ein genaues Bild über mögliche Gefahrenquellen. Losmarschiert wird erst, wenn er seine Weibchen um sich geschart hat. Droht Gefahr, warnt er sie, und während die Hennen im Versteck ausharren, beobachtet der Hahn aufmerksam jede Bewegung des Feindes und greift diesen notfalls auch an.

Er ist eifrig bemüht, die Hühnerschar zusammenzuhalten, und selbst das verlockendste Futter kann den Hahn von diesem

Vorhaben nicht abbringen. Da Hühner am liebsten auf Bäumen schlafen, sucht er abends als Erster den gemeinsamen Schlafplatz auf und ruft seine Hennen dann zu sich. Er hilft ihnen zudem bei der Suche nach einem geeigneten Nistplatz und scharrt eifrig Nestmulden für sie. Und gefällt einer der Hennen der vorbereitete Platz nicht, sucht er unverdrossen nach einer Nistmöglichkeit, die beliebt.

Während der Brutzeit benötigt jede Henne ihr eigenes Revier. Sind die Küken geschlüpft, versammelt sie sie stets und ständig und führt die Kükenschar zu Wasser- und Futterquellen. Sobald sie einen Warnruf ausstößt, gehen ihre Küken in Deckung. Die Henne beobachtet jede Bewegung des Feindes genau und greift ihn, wenn es sein muss, auch an. Sie bewacht die Kükenschar beim Fressen, ohne sich selbst von den verführerischsten Köstlichkeiten ablenken zu lassen. Und sobald ihre Küken fliegen können, sucht als Erstes die Henne einen Schlafplatz im Baum auf, dann lockt sie die Kleinen.

Welches Beispiel könnte besser verdeutlichen, dass der Haremsverband als eine Art Schutzeinrichtung für alle seine Mitglieder dient?

Frauenpower in der Tiefsee

Wahre Prachtexemplare sind die weiblichen Riesenanglerfische. Sie sind optisch zwar nicht die Schönsten, erreichen aber stattliche Größen von über einem Meter. Dagegen unscheinbar, ja geradezu schmächtig wirken die Männchen: Sie werden noch nicht einmal läppische zwanzig Zentimeter groß.

Die Anglerfische leben in Meerestiefen von drei- bis viertausend Metern. In den lichtlosen Tiefen des Meeres findet das kleine Männchen nur schwer die passende, artgleiche Partnerin. Glückt ihm das jedoch irgendwann, lässt es das Weibchen niemals wieder los. Das Fischmännchen dockt einfach am Bauch des Weibchens an und wächst an der Bissstelle mit ihm zusammen.

Wenn das eintritt, ist es ein wahrer Glücksfall für das Männchen, denn nun muss es sich nicht mehr selbst versorgen. Die Nahrungsbeschaffung war für das Männchen wegen der Dunkelheit des Meeres und seiner geringen Körpergröße bis dahin nämlich enorm problematisch. Doch jetzt ist es am Bauch des Weibchens festgewachsen und somit an deren Blutkreislauf angeschlossen. Das Weibchen versorgt das Männchen also mit.

Die großen Meerestiefen stellen für Riesenanglerweibchen keine nennenswerten Schwierigkeiten dar. Sie kommen viel besser zurecht als ihre männlichen Artgenossen, denn sie besitzen Angelapparate. Am Kopf der Weibchen sind lange Angeln angewachsen, die am Ende ein kleines Leuchtorgan tragen. Biolumineszenz nennt man die Fähigkeit lebender Organismen, Licht zu erzeugen und auszustrahlen. Dies geschieht durch spezielle Bakterien, die die weiblichen Riesenanglerfische in ihren leuchtenden Zellen produzieren.

Mit diesem Laternchen also locken die Tiefseeanglerinnen ihre Beute an: Sie schwenken es hin und her, und sobald die Beute neugierig auf das ungleichmäßige Licht zuschwimmt, schnappen sie zu. Die Angelapparate sind eine echte Garantie für Futternachschub. Da aber nur die Weibchen mit diesen Hilfsmitteln ausgestattet sind, ist es für die Männchen extrem wichtig, ein Weibchen zu finden und es für alle Zeit festzuhalten.

So merkwürdig diese Art der Verbindung auch scheint: Unter den gegebenen Lebensbedingungen ist sie nicht nur besonders zweckmäßig, die sogenannte Körperehe stellt auch eine ungewöhnlich innige Form der ehelichen Treue dar. Schließlich ist das eine Methode mit arterhaltender Funktion, denn so sichern die Riesenanglerfische ihre Fortpflanzung.

Gelungene Geschlechtsumwandlung

Die Wissenschaftler hatten alle ausgewachsenen männlichen Blaukopf-Lippfische aus dem Aquarium gefischt, dann warteten sie ab. Und tatsächlich: Bereits nach wenigen Tagen verwandelten sich einige Weibchen in Männchen. Sie veränderten nicht nur ihre Körpergröße und Farbe, sondern wurden auch aggressiver. Lippfische beherrschen den Geschlechterwechsel eben perfekt.

Dass diese Fische in die Rolle des anderen Geschlechtes schlüpfen können, ist gut begründet. Sie sollen sich optimal an ihr soziales Umfeld anpassen können, um so die Fortpflanzung zu regeln. Wissenschaftler fanden heraus, dass die Geschlechterfrage ebenfalls davon abhängt, wie groß der Fischschwarm ist. Handelt es sich um eine kleinere Gruppe von Lippfischen, verwandeln sich die Männchen in Weibchen und bilden eine Art Harem, um möglichst viel Nachwuchs zu bekommen. Bei einem großen Fischschwarm werden die meisten Weibchen zu Männchen – so soll einer möglichen Überbevölkerung entgegengewirkt werden.

Blaukopf-Lippfische sind zunächst geschlechtslos. Die Frage, ob sie Männlein oder Weiblein werden, wird erst recht spät entschieden und hängt davon ab, wie hoch die Anzahl von Männchen und Weibchen zu diesem Zeitpunkt im Schwarm ist. Und sollte das Verhältnis in dem etwa dreijährigen Leben eines Lippfisches einmal nicht mehr ausgewogen sein, kann er sein Geschlecht bekanntermaßen noch wechseln.

Bei dem Geschlechterwechsel ändert sich das Aussehen extrem in puncto Körpergröße, Farbe und Verhalten. Ein hundertprozentiges Weibchen wird zu einem vollkommenen Männchen und umgekehrt. Ist die Umwandlung allerdings erst einmal vollzogen, kann sie nicht mehr rückgängig gemacht werden. Sie findet also höchstens ein einziges Mal im Leben eines Lippfisches statt.

Aber nicht nur die große Familie der Lippfische mit fünfhundert verschiedenen Arten beherrscht den Akt der Geschlechtsumwandlung. Auch beispielsweise die Clownfische bedienen sich dieses Phänomens. Sie werden alle als Männchen geboren und verwandeln sich, wenn sie größer werden, nur nach Bedarf und aktuellem Geschlechtsvorkommen in Weibchen. Das geschieht hormongesteuert. Stirbt bei einem Clownfischpärchen das Weibchen, verwandelt sich der Witwer in ein Weibchen, um ein anderes Männchen zu suchen. Schließlich sind die männlichen Clownfische stets in der Überzahl und stehen zur Geschlechtsumwandlung bereit.

Transvestiten mit Geschlechtsarm

Tintenfische sind Augentiere. Sie werden so bezeichnet, weil sie große, gut ausgerüstete Sehwerkzeuge haben und die Liebeswerbung vor allem die Sehreize anspricht. Tintenfischmännchen können ihrer Herzdame einen besonders breiten und wunderschön gezeichneten Arm vorzeigen: Es ist der vierte Arm der rechten Seite, der sogenannte Geschlechtsarm.

Im Gegensatz zu den anderen Armen, die mit jeweils vier Saugnapfreihen ausgestattet sind, hat der Geschlechtsarm diese Näpfe nur an der Spitze und an der äußeren Kante. Außerdem befindet sich am Geschlechtsarm ein Trichter, aus dem später die Samenkapseln in die Begattungstasche des Weibchens befördert werden.

Für ein Tintenfischmännchen ist es nicht leicht, ein Weibchen abzubekommen. Das Geschlechterverhältnis bei den Tintenfischen ist nämlich extrem unausgeglichen. Auf ein Weibchen kommen vier, manchmal sogar bis zu elf männliche Bewerber. Und sobald auch nur ein Tintenfischmännchen dem Weibchen seinen Geschlechtsarm präsentiert, wollen die anderen paarungswilligen Männchen ebenfalls mit ihrem Geschlechtsarm angeben. Das kann ihnen gar nicht schnell genug gehen, und schon beginnt der Wettbewerb. So versuchen sich die Rivalen gegenseitig auszustechen. Tintenfischmännchen haben aber einen besonderen Trick auf Lager, um das Weibchen doch noch für sich zu erobern.

Die Tintenfischweibchen mögen die größten Männchen am allerliebsten. Wie kommt es, dass dennoch die kleineren Exemplare die Gunst des Weibchens erlangen? Sie kennen ein wunderbares Täuschungsmanöver: Um die zum Teil wesentlich imposanteren Nebenbuhler auszustechen, verwandeln sie sich äußerlich einfach in ein Weibchen. Mit verstecktem Geschlechtsarm und der tarnenden weiblichen Färbung mischen sie sich auch während der Beutejagd unter das Weibervolk – und schon fühlt sich kein möglicher Nebenbuhler mehr angeregt, Größe und Geschlechtsarm darzubieten und in Konkurrenz zu treten.

Diese Täuschung ist in den meisten Fällen erfolgreich und von wissenschaftlicher Seite bestätigt. Tintenfische verfügen über die außerordentliche Fähigkeit, sich nicht nur farblich ihrer Umgebung anzupassen, sie nutzen diesen Vorteil auch, um sexuell wehrhaft zu werden. Denn sobald ein wehrloses Tier die Farbe eines überlegenen oder gefährlichen Tieres nachahmt, wirkt es auf andere, als könne es sich zur Wehr setzen. Dieses Phänomen bezeichnet die Wissenschaft als Mimikry. Tintenfische vermögen das sogar in kürzester Zeit: In nur 15 Minuten können sie zehn Mal zwischen den verschiedenen Rollen wechseln. Wie praktisch, dass Tintenfische Augentiere sind.

Welches Tier ist das?

Es hat keine Zähne und keinen Magen, und wenn es einmal ein Körperteil verliert, wächst es innerhalb von zwei Wochen einfach wieder nach. Dieses Tier gibt es in allen möglichen Farben – in Schwarz, Braun, Blau, Gelb, Rot sowie in allen Neonfarben. Genau wie ein Chamäleon kann es je nach Stimmung seine Farbe verändern und die Augen unabhängig voneinander bewegen. Seine Körpergröße variiert je nach Art: von zwei bis fünfunddreißig Zentimetern.

Die Rede ist von der Pferderaupe mit der zoologischen Bezeichnung Hippocampus. Nie gehört? Diesen offiziellen Namen verdankt sie ihrem abenteuerlichen Aussehen: Der Kopf ähnelt dem eines Pferdes, der Hinterleib einem Wurm. Als Seepferdchen dürfte dieses Wunderwerk der Natur wohl jedem bekannt sein.

Seepferdchen sind fresssüchtig bei minimalem Körpereinsatz. Sie verweilen in den Seegraswiesen und warten, bis etwas Leckeres vorbeischwimmt. Kleine Krebse oder Planktonteilchen, die in wenigen Zentimetern Entfernung vorbeitreiben, werden vom Seepferdchen blitzschnell durch das Röhrenmaul eingesogen. So verbringen sie gern den lieben langen Tag und fressen bis zu zehn Stunden.

Ganz verrückt sind Seepferdchen aber auch nach lebenslanger Partnerschaft und Treue. Vielleicht ist das so, weil es nicht einfach ist, überhaupt den Partner mit dem passenden Geschlecht zu finden. Männchen und Weibchen unterscheiden sich äußerlich nämlich nicht voneinander. Haben sich die zwei aber erst einmal gefunden, tanzen und schmusen sie jeden Morgen miteinander, reiben sich gegenseitig die Köpfchen und ringeln ihre Schwänze ineinander. Stundenlang machen diese liebesbedürftigen Tiere das.

In Sachen Fortpflanzung geschieht bei den Seepferdchen etwas auf der ganzen Welt Einmaliges: Das Männchen wird trächtig und trägt die Eier aus. Es ist am Bauch mit einer

Bruttasche ausgestattet, die die Aufgabe einer Plazenta übernimmt. Das Weibchen produziert zwar die Eier, spritzt diese während des Geschlechtsaktes jedoch in die Bauchtasche des Männchens, wo sie durch das Sperma befruchtet werden.

Die Tragzeit dauert zwei bis drei Wochen, dann zieht sich das Männchen ins Seegras zurück und beginnt unter großer Anstrengung, die Jungfische zu gebären. Fünfzig bis weit über tausend kleine Seepferdchen können auf einen Schlag geboren werden. Mit dem Verlassen der Bauchhöhle sind sie völlig auf sich gestellt. Unmittelbar nach der Geburt paaren sich die Seepferdcheneltern erneut.

Müsste es angesichts dieser enormen Anzahl an Geburten nicht unendlich viele Seepferdchen geben? Im Gegenteil, denn tatsächlich gehören sie zu den gefährdeten Tiergattungen der Welt. Ein Großteil von ihnen wird gleich nach der Geburt von anderen Fischen gefressen, wenn ihre Knochenplatten, Stacheln und vielen Gräten noch weich sind. Zehn Monate später sind sie ausgewachsen und für Fressfeinde kaum noch verdaulich.

Ein wesentlicher Grund, der die Seepferdchenbestände bedroht, ist die Zerstörung ihrer Lebensräume und die nachhaltige Fischerei, bei der sich viele Seepferdchen in den Netzen der Fischer verfangen. Außerdem sterben viel zu viele von ihnen, weil in China und Südostasien der Glaube vorherrscht, zerstoßene und pulverisierte Seepferdchen besäßen Heilwirkung.

Aber die wohl abwegigste Motivation, diesen Wundertieren das Leben zu stehlen, ist der Tourismus. Als Erinnerungsstücke werden sie in getrocknetem Zustand gar zu gern gekauft, die Pferderaupen mit ihrem abenteuerlichen Aussehen.

Bilder hören

Fledermäuse sehen mit den Ohren. Sie verschaffen sich einen Eindruck über ihre Umgebung, indem sie erstaunlich hohe Ultraschalltöne ausstoßen und so die Entfernung der darauf folgenden Echos ausloten. Ähnlich wie der Mensch mit einem Scheinwerfer eine nächtliche Landschaft sichtbar werden lässt, wird für die Fledermaus eine lichtlose Umgebung durch den Widerhall erkennbar. Ein solches Ortungsverfahren wird Sonar genannt und ist dem Menschen seit dem Mittelalter bekannt. Fledermäuse beherrschen diese Technik bereits seit über 50 Millionen Jahren, zudem ist sie den Sonarmethoden des Menschen weit überlegen.

Erzeugt werden die sehr lauten und kurzen Töne im Kehlkopf, durch die Nase oder den Mund der Fledermaus werden sie ausgestoßen. Im normalen Flug sendet die Fledermaus zwölf Töne pro Sekunde aus. Nähert sie sich ihrem Ziel, steigert sich die Anzahl der Peillaute auf bis zu dreihundert Töne pro Sekunde. Je nachdem, ob die Töne zum Beispiel auf einen Baum oder ein Insekt treffen, entstehen verschiedene Echos. An der Art des Echos erkennt die Fledermaus dann, ob sie also einem Hindernis ausweichen muss oder auf eine Futterquelle gestoßen ist. Dabei erfasst sie sowohl die Entfernung als auch die Größe des Objektes.

Der Mensch kann die Ultraschalltöne der Fledermaus nicht hören, sie sind für das menschliche Ohr zu hoch. Damit die Fledermäuse die Echos noch viel besser hören können, besitzen sie sehr große Ohren, die zur zuverlässigeren Echoortung mit einem speziellen Ohrdeckel, dem Tragus, ausgestattet sind. Durch dieses System stellen Fledermäuse selbst auf große Entfernung fest, was sich da vor ihnen in der Luft befindet.

Und dennoch vermag ausgerechnet die Lieblingsspeise der Fledermäuse, diese besondere Fähigkeit zu untergraben: Nachtschmetterlinge verfügen nämlich über eine akustische

Tarnkappe. Zum einen besitzen sie eine Art Fell, das extrem weich und schallschluckend ist, und zum anderen gelingt ihnen ein ganz und gar geräuschloser Flug, da ihre Flügel mit feinen Fransen ausgestattet sind. Und so wird die Fledermaus auf einen Nachtfalter erst aufmerksam, wenn sie auf etwa sechs Meter zufällig an ihn herangekommen ist.

Sobald es so weit ist, startet die Fledermaus durch: Im sogenannten Taumelflug jagt sie den durcheinander flatternden Faltern mit unberechenbaren Richtungswechseln hinterher und lässt sie so über ihren Flugweg im Ungewissen. Wie geschickt sich Fledermäuse beim Taumelflug anstellen, beweisen wissenschaftliche Untersuchungen. Ohne jede Berührung können sie Labyrinthe durchfliegen, deren kreuz und quer gespannte Fäden gerade einmal halb so dick sind wie ein Menschenhaar.

Dank dieser bemerkenswerten Flugleistung können Fledermäuse eine ständige Nahrungszufuhr sichern. Und ihr Bedarf ist hoch: Pro Nacht müssen sie etwa ein Drittel ihres Körpergewichtes an Nahrung erbeuten und verspeisen. Hungerphasen vertragen sie nur schlecht.

So stürmen sie bei Sonnenuntergang hinaus in die Nacht und senden ihre kurzen, hochfrequenten Peillaute aus, um das wiederkehrende Echo zu einem Hörbild der Umgebung werden zu lassen. Fledermäuse können nun einmal Bilder hören.

Sprechen ohne Worte

Tiere können sich miteinander unterhalten, zumindest innerhalb ihrer jeweiligen Gattung. Um sich untereinander zu verständigen, geben sie jedoch – im Gegensatz zum Menschen – nicht einfach nur Laute von sich. Stattdessen verwenden sie fast ausschließlich die Symbolsprache.

So lassen einige Fischarten beispielsweise eindrucksvolle Farbtupfer oder Streifen auf dem eigenen Körper erstrahlen, um Stimmungen auszudrücken. Je nach Situation wird dann mitgeteilt: „Verschwinde, das ist mein Revier!" – „Bin mit der Brutpflege beschäftigt" – „Schnell weg, Feind naht!", und so weiter.

Doch nicht nur Farben, auch Düfte, Laute, Formen sowie Mimik und Gestik dienen der Verständigung. Neben diesen Verhaltensweisen bieten sich einigen Arten zudem verschiedene Körpermerkmale zur Unterhaltung, wie beispielsweise chemische Reaktionen bei Insekten. Allen gleich ist in der Regel das Unvermögen, sich über nicht anwesende Artgenossen zu äußern. Im Tierreich gibt es aber klare Hinweise auf die Fähigkeit, über nicht direkt wahrnehmbare Dinge und Situationen Bericht zu erstatten. Ein bemerkenswertes Beispiel für diese Fähigkeit liefern die Bienen. Sie verfügen über die höchstentwickelte Symbolsprache und können ihren Artgenossen zu einem späteren Zeitpunkt exakte Ortsangaben mitteilen.

Bei den Honig liefernden Insekten gibt es – eigens für diese Aufgabe vorgesehen – spezielle Kundschafterinnen. Diese werden vom Schwarm losgeschickt, um nach neuen Futterplätzen Ausschau zu halten. Sofort, wenn die Kundschafterinnen fündig geworden sind, fliegen sie in den Bienenstock zurück, um den wartenden Gefährtinnen zu berichten.

Angenommen, eine Kundschafterin hat eine üppig blühende Blumenwiese erspäht, informiert sie die anderen Bienen darüber, wo sie die Blüten finden, wie weit es bis zur Wiese ist und mit welcher Ausbeute an Nektar sie rechnen können. Doch wie ist es der Biene möglich, ihren Stockgenossinnen derart genaue Angaben zu vermitteln, damit die Sammlerinnen die Blumenwiese tatsächlich finden?

Der Wissenschaftler Karl von Frisch entdeckte im Laufe seiner berühmten Experimente über Bienen das Erstaunliche: Die Kundschafterin prägt sich beim Rückflug den Winkel zwischen Futterplatz und Sonne ein. Nach Ankunft im Bienenstock stellt sie diesen Winkel durch eine entsprechende Tanzfigur dar. So führt sie beispielsweise einen Rundtanz auf, wenn die Futterquelle ganz in der Nähe liegt. Vollführt sie einen Schwänzeltanz, so krabbelt sie in einer Art Achterkurve über eine Wabe und symbolisiert damit eine Entfernung von über fünfzig Metern. Wenn die Biene den Schwänzeltanz in hastigen Wendungen ausführt, liegen kaum mehr als hundert Meter zwischen Bienenstock und der ausgewählten Blumenwiese. Ist die Futterquelle allerdings weiter entfernt, kommt es zu langsameren Tänzen. Um die Nachricht richtig empfangen zu können, berühren die Bienen mit ihren Fühlern den Körper der Tänzerin und verfolgen so deren Tanzfiguren. Sobald die Mitteilung überbracht ist, schwärmen die Sammlerinnen aus – mit Kurs auf die soeben beschriebene Futterquelle.

Es gibt eine Reihe ähnlich kniffliger und vielsagender Beispiele aus dem Tierreich, die belegen, dass sich tierische Verständigung nicht nur auf das Hier und Jetzt bezieht. Durch die Symbolsprache ist es Tieren jedenfalls möglich, Mitteilungen an Artgenossen darzustellen sowie Informationen auf dieselbe Weise zu erfassen.

Pferdeverstand

Besitzen Tiere die Fähigkeit, logisch zu denken? Um diese Frage zu klären, kann man nicht unbedingt auf wissenschaftliche Unterstützung bauen, denn noch immer geht die Wissenschaft davon aus, dass Tiere lediglich reagieren. Wer nach der inneren Verfassung von Tieren fragt, wer erfahren möchte, ob sie etwas fühlen oder erleben können, ob sie Vorstellungen und Absichten entwickeln, wird auf laienhafte Tierstudien zurückgreifen oder aber selbst Beobachtungen anstellen müssen.

Die Verhaltensforschung wurde von einem Ereignis geprägt, das noch heute topaktuell ist, obwohl es sich vor über einem Jahrhundert ereignet hat. Im Mittelpunkt steht der Kluge Hans, der zum Sinnbild der Tierverhaltensforschung wurde.

Der pensionierte Lehrer Wilhelm von Osten aus Berlin wollte herausfinden, wie er die Denkfähigkeit von Pferden durch gezielten Unterricht steigern und entwickeln könne. Mit dem Kauf des Hengstes Hans begann von Osten 1901 mit der Verwirklichung seines Traumes: Hans sollte vom Menschen gestellte Aufgaben lösen. Und so lernte das Pferd in der ersten Lehrstufe das Zählen per Hufschlag. Von Osten nahm mehrere Kegel zur Hilfe. Er griff den Huf seines Hengstes und zeigte ihm, wie er klopfen solle. Ein Kegel bedeutete einmal klopfen, zwei Kegel zweimal klopfen und so weiter. Dabei zählte der Rentner laut und deutlich mit. In kürzester Zeit schlug Hans die Zahlen ohne Hilfe an. Auch die zweite Lektion bereitete dem Hengst keine Schwierigkeiten. Er konnte nun auf Zuruf zählen und aufgeschriebene Zahlen einwandfrei nachklopfen. Bald löste er sogar Rechenaufgaben.

Der Kluge Hans, so wurde er mittlerweile genannt, beherrschte die vier Grundrechenarten, erkannte Farben, unterschied Musikstücke und lernte lesen. Das Pferd kannte für jeden Buchstaben einen bestimmten Klopfcode, und so verblüffte er sein Publikum damit, dass er selbst gesprochene Namen einwandfrei buchstabierte.

Mit dem Bekanntwerden von Hans' Fähigkeiten kam auch der Verdacht auf, von Osten würde mit Tricks arbeiten, weil er sich einen gewissen Wohlstand von dem aufsehenerregenden Spektakel erhoffte. Aber der Berliner Rentner nahm niemals Geld für die Vorführungen seines Pferdes. Er wollte lediglich eine wissenschaftliche Anerkennung seines Projektes erreichen.

Doch diese Bestätigung sollte er nie erhalten. Denkende Tiere passten nicht ins wissenschaftliche Weltbild des frühen 20. Jahrhunderts. Beobachtungen wurden als bloße Erzählungen abgewertet, intelligente Leistungen vorschnell als verdächtig eingestuft. Der Kluge Hans wurde zur Herausforderung und eine wissenschaftliche Expertenkommission herangezogen, um Klarheit zu schaffen.

Im September 1904 stellte man fest, dass ein Trick zwar auszuschließen sei, eine echte Denkleistung des Pferdes aber nicht in Frage komme. Eine zweite Expertenkommission wurde beauftragt, und die entdeckte eine verblüffende Neuigkeit: Wenn keiner der Anwesenden das Ergebnis kannte, irrte der Kluge Hans und konnte nicht mehr rechnen, zählen oder lesen.

Ein junger Mitarbeiter des Psychologischen Instituts Berlin fand nach einer langen Reihe von Versuchen die Antwort auf Hans' Fähigkeiten. Immer, wenn das Pferd die entsprechende Klopfzahl erreicht hatte, hoben die Zuschauer unmerklich den Kopf. Das Publikum führte diese geringfügige Bewegung unbewusst aus. Es war eine Art Aufatmen, sobald das Pferd das richtige Ergebnis angab. Für den Klugen Hans war diese Entspannungsbewegung ein Zeichen, die Klopfserie zu beenden. Von Osten hatte ihn unwissentlich darauf trainiert.

Der Kluge Hans war überführt, das Weltbild der Wissenschaft wieder gerade gerückt. Wilhelm von Osten zog sich aus der Öffentlichkeit zurück und setzte sein Projekt hinter verschlossenen Türen fort.

Auch ein enger Mitarbeiter von Ostens, der Kaufmann Karl Krall, gab sich mit der Theorie der unbewussten Zeichengebung nicht zufrieden. Er ging zum Schlachthof, suchte ein Pferd mit ganz bestimmten Merkmalen und fand Berto.

Dieses Pferd war nicht nur blind, auch sein Geruchsvermögen war nachweislich kaum entwickelt. Die Art der Zeichengebung, mit der der Kluge Hans entlarvt worden war, war bei Berto also von vornherein ausgeschlossen. Trotzdem konnte dieses Pferd bald noch besser buchstabieren und rechnen als der Kluge Hans. Berto gab sogar die Einerwerte mit dem linken und die Zehnerwerte mit dem rechten Huf an.

Die Wissenschaft aber wollte von diesen neuen Versuchen nichts wissen. Das Rätsel um den Klugen Hans war gelöst, und neue Beobachtungen hätten nur wieder unbequeme Fragen aufgeworfen. Hans' Nachfolger erhielt keine Chance.

Dabei wurde übergangen, dass es sich um bis dato unerklärbare Sinnesleistungen handelte und dass zumindest Pferde, wahrscheinlich aber auch andere Tiere, über uns unbekannte Sinneskanäle verfügen müssen. Wie sonst sollte es möglich sein, dass selbst blinde Pferde winzige Körper- oder Ausdrucksbewegungen wahrnehmen können, ohne dass sie sie optisch erfassen? Und wie setzen die Tiere diese Fähigkeit in ihrer natürlichen Umgebung, in ihrer Verständigung untereinander und in dem Zusammensein mit uns Menschen ein? Es ist an der Zeit, das herauszufinden.

Für die winzigen Anglerfischmännchen ist es ein wahrer Glücksfall, ein Weibchen einzufangen.

Übersinnlich

Verglichen mit den Tieren sind wir Menschen nahezu blind und taub und können schlecht riechen. Was Tieren an besonderen Sinnesleistungen zur Verfügung steht, mag der Mensch als übersinnlich empfinden. Für Tiere sind sie natürlich ganz normal.

Wohl haben wir Menschen uns damit abgefunden, dass Hunde Töne einer Hundepfeife hören können. Für uns bleibt sie eben stumm, da ihre Klänge im Ultraschallbereich oberhalb unseres Hörvermögens liegen. Dass Hunde aber beispielsweise in der Gegenwart von Epileptikern spüren, wenn sich ein Krampf anbahnt, beeindruckt uns enorm. Studien zufolge empfangen Hunde winzigste Mengen von Duftmolekülen, die ihr Frühwarnsystem über Veränderungen alarmieren.

Bienen und viele andere Insekten verständigen sich darüber hinaus über Duftsignale: So informieren sie Artgenossen über Gefahr, soziale Stellung und Zuneigung. Dafür sind sie mit einer Vielzahl von Drüsen zum Absenden der Botschaften ausgestattet und mit zahlreichen Empfangsorganen bestückt, um diese Informationen auch zu erhalten. Bienen können sogar zwischen Hunderten von Bienenstöcken den eigenen am Duft ausmachen.

Insekten sehen ihre Welt zudem mit anderen Augen als wir Menschen. Ihre Augen bestehen aus unendlich vielen kleinen Linsen und Sehapparaten, die nicht nur Bilder mosaikähnlich erscheinen lassen, sondern mit denen sie Farben erkennen können, die für den Menschen nur in einem künstlich erzeugten Speziallicht wahrnehmbar sind. Sogar die Schwingungsebene von polarisiertem Licht können sie sehen und den aktuellen Sonnenstand bestimmen, selbst wenn der Himmel wolkenverhangen ist.

Außerdem haben Insekten eine vielfach höhere Bildfrequenz und somit auch ein schnelleres Zeitempfinden als wir. Wenn der Mensch beispielsweise einen Kinofilm mit fünfundzwanzig Bildern pro Sekunde als fortlaufende Handlung sieht, würde sich eine Fliege dabei enorm langweilen. Ihr käme die Vorstellung vor wie das Umblättern von Bildbandseiten. Die Fliege kann also nur sehr viele Bilder oder schnelle Bewegungen erkennen. Einer blitzschnell herannahenden Fliegenklatsche kann sie deshalb lässig entkommen, nähert sich ihr aber ganz langsam eine Hand, wird sie die todbringende Gefahr nicht erkennen können.

Völlig anders ist das Zeitempfinden einer Schnecke. Für sie würde der Kinofilm im Zeitraffer erscheinen. Eine Schnecke wertet nur sehr wenige Bilder pro Sekunde aus. Extrem langsame Bewegungen dagegen, wie das Wachstum von Pflanzen, finden für sie in Echtzeit statt.

Einmal lahm und ein anderes Mal schnell – auch in ihrer Wahrnehmung – sind wechselwarme Tiere wie Reptilien. Ihre Körpertemperatur hängt von der Umgebung ab und mit ihr die Geschwindigkeit aller chemischen Reaktionen in ihrem Körper, die für Bewegungen, Organfunktion und Sinneseindrücke wechselwarmer Tiere zuständig sind. Bei Wärme sehen sie mit einer erheblich höheren zeitlichen Auflösung als bei Kälte.

Für viele Tiere ist die Wahrnehmung von Spannungen oder Magnetfeldern etwas ganz Selbstverständliches. Etliche Fische, wie der Nilhecht, verständigen sich untereinander über elektrische Impulse. Durch diese Art Funksprüche finden sie sich selbst in trübsten Gewässern zurecht. Haie und Rochen besitzen in ihrer Nase besondere Organe, die äußerst empfindlich auf elektromagnetische Felder reagieren. Damit finden sie nicht nur in der Dunkelheit ihren Weg, sondern empfangen auch die winzigen elektrischen Impulse, die in den Nervensystemen und in den Muskeln ihrer Beutetiere erzeugt werden.

Klapperschlangen laden sich regelrecht selbst auf, bis sie schließlich so geladen sind, dass sie Ionen wie ein Magnet anziehen. Viele Ionen stammen von den Ausdünstungen anderer Tiere. Die Klapperschlange schnappt diese Duftstoffe mit der Zunge aus der Luft und entdeckt so ihr Opfer im Versteck, ohne es sehen zu können. Allerdings besitzt die Schlange zudem Sinnesgruben, die wie eine Infrarotkamera die Wärmestrahlung des Beutetieres erkennen.

Ein regelrechtes Schallbild empfängt der Delfin. Je nach ihrer Dichte werden die auf Körper und Gegenstände gerichteten Schallimpulse wiedergegeben, sodass der Delfin sie auswerten und selbst im Dunklen zwischen verschiedenen Fischarten unterscheiden kann. Auf diese Weise untersuchen Delfine ihre Umgebung.

Große Tiere mit entsprechend großen Schädelknochen, Gehörgängen und Ohren verständigen sich untereinander mit für Menschen unhörbar tiefen Tönen. Der Nutzen besteht darin, dass sie sich über weite Entfernungen mitteilen können. Auf diese Weise vernehmen Elefanten das Fußstampfen eines in Not geratenen Artgenossen noch in fünfzig Kilometern Entfernung. Ein Nilpferd kann durch diese tiefen Klänge wunderbar errechnen, wie weit beispielsweise ein brüllender Rivale von ihm entfernt ist. Da Schall unter Wasser schneller weitergeleitet wird als in der Luft, misst das Nilpferd einfach die sogenannte Laufzeitdifferenz. Infraschall werden die Töne genannt, die unterhalb des menschlichen Hörbereichs liegen.

Alle diese besonderen Sinnesleistungen sind für den Menschen nur durch wissenschaftliche Experimente nachweisbar und können somit auch erklärt werden. Wie viele Sinne den Tieren tatsächlich zur Verfügung stehen und wofür sie eingesetzt werden, kann der Mensch nicht erfassen. Für ihn sind sie alle ohnehin übersinnlich.

Der Kluge Hans kannte für jeden Buchstaben einen bestimmten Klopfcode.

Vorbeugen ist besser als heilen

Ameisen bieten Staren ein komplettes Antiparasitenprogramm. Stare haben nämlich ein lästiges Problem: Ihr Gefieder wird schnell von Federmilben belagert. Leider bringt es gar nichts, wenn sie mal eben mit dem Schnabel das Gefieder durchkämmen würden – die unliebsamen Besucher bleiben hartnäckig. Glücklicherweise kennen Stare eine besonders raffinierte Methode, die lästigen Milben dennoch loszuwerden. Jetzt kommt die Ameise ins Spiel. Die europäische Waldameise stellt ein sehr aggressives Sekret her, das sie zur Abwehr von Feinden, aber auch zum Fangen von Beute einsetzt. Stare haben eine ganz andere Verwendung für dieses Sekret. Sie streifen die Ameisen an ihren Federn entlang, dabei sondern die Ameisen das Gift ab. Derartig einbalsamiert wird beim Star nicht nur der Juckreiz gelindert, sondern gleichzeitig werden auch die Federmilben abgetötet.

Die Raupe kennt ebenfalls eine wirksame Waffe gegen Schmarotzer: Sie futtert Alkaloide. Das sind Substanzen, die einen Menschen schon in geringer Dosis töten könnten. Bei der Raupe kann das aber nicht eintreten, da das Gift schnell durch den kleinen Körper geleitet wird. So sind sie recht gut geschützt gegen Fliegeneier, denn Fliegen lieben es, ihre Eier auf den kugelrund gefressenen Rauben abzulegen. Damit die Raupe während der Verpuppungszeit von genügend Reserven zehren kann, muss sie sich nämlich ein ordentliches Fettpolster zulegen – eine optimale Nahrungsquelle für Fliegenlarven. Wenn die Larven ausgewachsen sind und sich zu Maden entwickelt haben, arbeiten sie sich durch die Raupenhaut wieder nach draußen. Für die Raupen ist das eine unerträgliche Qual. Deswegen fressen sie vor der Verpuppung jede Menge von einer bestimmten Pflanze, dem hochgiftigen Schierlingsstrauch. Zwar tötet das die Larven nicht ab, das Gift sorgt aber für eine stärkere Abwehrkraft der Raupen.

Auch Rhesus-Makaken plagen sich mit Parasiten herum, und trotzdem erfreuen sie sich bester Gesundheit. Was die Affen in ihrer Heimat Puerto Rico krank machen kann, sind Wurmeier, die sie über die Nahrung aufnehmen. Sie verursachen Durchfall und Darminfektionen, die den Körper lebensbedrohlich austrocknen können. Glücklicherweise haben sie aber ein Rezept gegen diese Parasiten: Lehm. Er enthält Mineralien und Kaolin, das den Flüssigkeitsverlust erfolgreich verhindert und Darminfektionen mildert. Die Makaken nehmen den Lehm nicht nur im akuten Stadium auf, sondern auch zur Vorbeugung. Der Einsatz von Lehm bei Durchfall ist vergleichbar mit der bewährten Wirkung von Kohle. Beide Mittel wirken vorbeugend gegen den risikoreichen Mineralstoffmangel.

Auf eine ganz besonders wundersame Art und Weise schützt sich das Rotwild auf der Insel Rhum vor Mangelerscheinungen. Rhum liegt an der Westküste Schottlands und ist durch eine felsige Küste und trostlose Hochmoore geprägt. Nähr- und mineralstoffreiches Futter gibt es kaum. Und ausgerechnet in eine derartige Umgebung brachte man im 18. Jahrhundert Rotwild, das normalerweise in nährstoffreichen Wäldern beheimatet ist. Die Tiere auf der Insel Rhum entwickelten sich in der Tat zunächst sehr schlecht. Sie bekamen kaum noch Nachkömmlinge und wuchsen mickrig.

Doch die Hirsche hatten eine Möglichkeit entwickelt, um den Kalziummangel zu stoppen und ihm entgegenzuwirken: Sie zerkauten Vögel. Genauer gesagt, zermalmen sie die Knochen der Flügel, um daraus das lebenswichtige Kalzium zu ziehen. Die Flügel an sich sowie der restliche Vogelkörper bleiben bei dieser Prozedur unversehrt. Für die Hirsche, die von Natur aus Vegetarier sind, ist das ein unvermeidbarer Schritt für ihre Gesundheit. Vorbeugen ist eben besser als heilen.

Diese Einstellung teilen vermutlich auch die Ameisen. Nicht nur, dass sie zumindest indirekt den Staren bei der Abwehr der krankmachenden Parasiten helfen, sie haben für sich selbst ein Antibakterienprogramm entwickelt. In einem Ameisenbau wird jeder anfallende Müll ebenso schnell aus dem Bau entfernt wie tote Artgenossen. Eifrig schleppen sie alle Reste zu einem großen Haufen, der sich in unbedenklichem Abstand zum Ameisenbau befindet. Sicher ist sicher.

Von überall kommen sie her, die Erpel auf Brautschau, um für die Weibchen zu tanzen.

Ersatzteile inklusive

Wie überraschend, dass der hirnlose Strudelwurm unter allen Wirbellosen der nächste Verwandte des Menschen sein soll – zumindest was die DNA betrifft. Und wie verblüffend: Wenn man diesem kleinen im Schlamm lebenden Wurm den Kopf abschneidet, wächst ihm innerhalb weniger Tage ein neuer – einschließlich Augen und Mund. Hier trennt sich die Spreu vom Weizen. Dabei würde der Mensch in diesem Punkt sicher gern mit dem Strudelwurm übereinstimmen und das von der Natur eingerichtete Verfahren zur Wiederherstellung verlorener Körperteile auf sich übertragen.

Untersuchungen ergaben jedoch, dass das Regenerationsvermögen durch eine gewisse primitive Lebensform bedingt ist. Je einfacher das Tier gebaut ist, desto größere Fähigkeiten besitzt es, verlorene Körperteile neu wachsen zu lassen. Zerteilt man beispielsweise den zwei Zentimeter kleinen Süßwasserpolyp in mehrere Teile, entwickelt sich aus jedem davon ein komplettes neues Tier. Es muss nur ein gewisser Bauplan vorhanden sein, dann können selbst die winzigsten Stückchen eines Gliedes tadellos nachentwickelt werden.

Dieses Angebot der Natur ist für die Languste lebenswichtig. Sie besitzt bis zu vier Zentimeter lange Stielaugen, die in ihrem Lebensraum, dem Riff, leicht verwundbar sind. Geht ein Stielauge verloren, wächst ein neues wieder heran.

Kaulquappen laufen ständig Gefahr, dass ihnen Raubfische die Beinchen abbeißen. Das ist aber nicht so schlimm, sie wachsen ja nach. Sogar ihre Augen werden nach Verletzungen so regeneriert, dass die Kaulquappen nach Vollendung wieder sehen können.

Mit einem, wenn auch eher unspektakulären, Ersatzteillager kann der Mensch dann doch aufwarten: mit dem Zahnwechsel. Nach den Milchzähnen folgt die zweite Garnitur. Das wird von verschiedenen Zahnproduzenten aber leicht in den Schatten gestellt. Das Krokodil beherrscht den Zahnwechsel ebenfalls. Nur geht es bei ihm sehr viel schneller, bis ein neuer Zahn nachgewachsen ist. Und der Zahnwechsel erfolgt nicht ein einziges Mal wie beim Menschen, sondern so oft, wie ein Zahn ausfällt. Bei Kaninchen, Bibern oder anderen Nagetieren wechseln die Zähne zwar nicht, dafür wachsen sie ständig nach.

Mächtig ausgetauscht wird bei den Haien. Verliert der Hai einen Zahn, ist innerhalb von vierundzwanzig Stunden ein neuer da. Dieser Zahn ist dann allerdings nicht gewachsen, er hat sich hochgeklappt. Haie besitzen nämlich hinter jedem Zahn eine Kollektion von bis zu fünfzehn Ersatzzähnen. Und da ihm täglich zwei Zähne ausfallen und sich sofort zwei neue aufstellen, wechselt der Hai sein Gebiss einmal im Monat komplett.

Praktisch, ein solches Regenerationsvermögen. Zahnprobleme werden weggetauscht, Verletzungen ungeschehen gemacht und aus Verstümmelungen Vermehrungen entwickelt. Letzteres geschieht nur bei den winzigsten und primitivsten Wunderwesen der Tierwelt. Auch wenn der Mensch keine Körperteile nachwachsen lassen kann, darf er sich dennoch zufrieden zeigen, weil er eben nicht auf einer primitiven Stufe des Lebens stehen geblieben ist.

Ewiges Leben

Unendliche Jugend und Frische – auch das wünschen sich viele Menschen. Für ein einziges Tier auf dieser Welt wird der Traum der Unsterblichkeit wahr. Es ist die kanadische Regenbogenforelle, die ganze vier Mal zum gebrechlichen Greis altert und dreimal ihr Leben von vorn beginnen darf.

Das Erstaunliche vollzieht sich, sobald die Regenbogenforellen zu ihren Laichplätzen aufsteigen, die in den Flussabschnitten der hohen Gipfelregionen liegen. Mit Einstieg in die Flüsse beginnen die Entartungserscheinungen. Die Blutgefäße der Regenbogenforellen verkalken, sogar die Herzkranzgefäße bleiben nicht verschont. Diese Arterienverkalkung, die man auch vom Menschen kennt, nimmt stetig zu, je weiter die Regenbogenforellen stromaufwärts schwimmen. Hinzu kommt, dass die Wanderung flussaufwärts extrem anstrengend ist. Immer wieder müssen die Regenbogenforellen auf der langen Flussstrecke Hindernisse überspringen, vor unzähligen Feinden fliehen und Stromschnellen überwinden. Zum Fressen kommen die Fische auf dieser kräftezehrenden Etappe kaum.

Deshalb erreichen sie die Laichplätze auch eher tot als lebendig. Auf ihrer Reise sind sie enorm gealtert und haben wegen der schlimmen Arterienverkalkung ein krummes Rückgrat bekommen. Mit scheinbar letzter Kraft feiern die Forellengreise am Laichplatz ihre Liebesspiele. Nachdem sie ihren Laich abgelegt und besamt haben, schwimmen die Fische wieder stromabwärts – zurück zum Meer, das sie springlebendig und vital erreichen werden. Denn auf ihrer Rückreise flussabwärts verjüngen sich die Regenbogenforellen sogar noch schneller als sie zuvor beim Schwimmen stromaufwärts gealtert waren. Haben sie das Meer erst einmal erreicht, sind krummer Buckel und Arterienverkalkung komplett verschwunden.

Ein Jahr später, zur nächsten Laichzeit, vergreisen diese Forellen erneut, um anschließend die wiederkehrende

Verjüngungskur zu erleben. Viermal in ihrem Leben altert eine Regenbogenforelle im Schnellverfahren und dreimal wird sie wieder jung. Doch welche Mittel besitzt die Natur, um den Regenbogenforellen diese lebensverlängernde Wirkung zu verleihen?

Es besteht die Erkenntnis, dass, solange ein Lebewesen wächst, es nicht altern kann. Im Fall der Regenbogenforelle fanden amerikanische Wissenschaftler heraus, dass Jungforellen und noch unreife im Meer gefangene Fische keine Schädigung der Blutgefäße aufweisen. So sprechen die Befunde dafür, dass das Fasten und die gleichzeitige extreme körperliche Belastung beim Aufstieg zu den Laichplätzen für das schnelle Altern verantwortlich sein können.

Doch auch eine zweite Möglichkeit kommt für die amerikanischen Wissenschaftler in Betracht: eine Umstellung im Hormonhaushalt. Dieser Umstand wird durch ein besonderes Hormon ausgelöst, das es jedoch nur in der Tierwelt gibt und das in einer sogenannten Sterbedrüse produziert wird. Wissenschaftler fanden erst 1977 heraus, dass ein derartiges Organ überhaupt existiert. Je mehr Hormone durch diese Sterbedrüse ausgeschüttet werden, desto schneller verfällt die körperliche Fitness des Tieres. Zugunsten der Jugend wird durch die Sterbedrüse also altes Leben ausgelöscht.

Nur bei den Regenbogenforellen zeigt sich die Natur scheinbar gnädig. Bei ihnen wird die Ausschüttung des Todeshormons nach dem Ablaichen einfach wieder gestoppt, und sie dürfen ein weiteres Jahr in jugendlicher Frische genießen.

Aalglatt mit Knoten

Ein kleiner Happs genügte und zehn Zentimeter vom Kopfende des Schleimaals waren in dem gewaltigen Maul der Muräne verschwunden, während sich das Hinterteil noch in Freiheit befand. Eine ausweglose Situation für den kleinen Aal, der gerade einmal vierzig Zentimeter lang ist? Für jedes andere Opfer gäbe es in dieser heiklen Situation sicher kaum Hoffnung, mit heiler Haut zu entkommen.

Doch der Schleimaal kennt eine erstaunliche Schutztechnik: Er ist das einzige Tier der Welt, das sich selbst verknoten kann.

Der Schleimaal – sein eigentlicher Name lautet Inger, abgeleitet von dem Wort ingeniös – kann seinen Leib zu einer Acht verschlingen. Diese Verknotung gehört zu der besonderen Bewegungsart des Ingers, mit der er aber auch Teile aus größeren Nahrungsbrocken reißen kann. Dabei hält sich der Schleimaal mit dem Maul an einem toten Fisch fest und knotet mit dem Hinterteil eine Acht in seinen Leib, dann drückt er sich kräftig zusammen und zieht blitzschnell das Kopfende durch die Körperschlinge zurück, im Maul der abgerissene Bissen aus dem toten Fisch.

Um wie eine Rakete abzuflitzen, kann der Schleimaal seine Haut in eine glibberige Masse verwandeln. Dafür hat er auf jeder Seite seines Bauches eine Reihe von Schleimdrüsen, und wenn er mit seinem Knotentrick beginnt, drückt er im Bruchteil einer Sekunde Massen von Schleim aus allen Poren.

Dieser Trick führte auch bei der Flucht aus dem Maul der räuberischen Muräne zu verblüffendem Erfolg. Der bereits zu einem Viertel verschlungene Inger spritzte eine wahre Schleimflut aus allen Bauchdrüsen und schlang mit seinem noch in Freiheit befindlichen Hinterteil eine Acht in seinen Körper. Dabei sauste sein Vorderleib durch die Körperschlinge so weit zurück, bis dieser gegen das Maul der Muräne schoss.

Von dem plötzlichen Gegendruck überrascht, öffnete die Räuberin unwillkürlich ihr Maul – und fort war er, der kleine Erfinder. So leicht geht das, wenn man einen Zaubertrick beherrscht.

Giftiger Hochgenuss

Die tägliche Menge Gift, die ein Koala verspeist, würde fünfzig Menschen innerhalb weniger Sekunden glatt töten. Würde ein Koala hingegen irgendeine andere Kost als die gewohnte zu sich nehmen, wäre es wiederum mit seinem Leben bald vorbei. Koalas dürfen nämlich nur Eukalyptusblätter fressen, und die enthalten das hochkonzentrierte Gift.

Der Magen-Darm-Trakt des Koalas ist mit einer Art chemischer Entgiftungsanlage ausgestattet, die sich in dem bis zu zweieinhalb Meter langen Blinddarm befindet. Hierin verbleibt der Nahrungsbrei, bis er durch Bakterien entgiftet worden ist. Und so vergiften sich Koalas nicht am Eukalyptus.

Die australischen Beuteltiere sind extrem wählerisch. Sie entscheiden sich für nur maximal ein Dutzend der Eukalyptusbaumarten, von denen es in Australien immerhin fünfhundert verschiedene Arten gibt, und fressen davon bevorzugt die jungen Triebe. Diese sind nahrhafter und enthalten nicht ganz so viel ätherische Öle und giftige Substanzen wie die alten verholzten Blätter.

Da für die Koalas weniger das Gift, als vielmehr ein hoher Eiweißgehalt der Blätter wichtig ist, können sie sogar mit prall gefüllten Bäuchen verhungern. Denn sobald durch eine längere Dürreperiode keine neuen Triebe wachsen, futtern die Koalas fast pausenlos Unmengen der trockenen alten Blätter. Diese vermitteln ihnen aber wegen der Unverdaulichkeit weder ein Sättigungsgefühl, noch können sie den Koalas die wertvollen Nährstoffe liefern. Und so fressen die nachtaktiven Tiere aus lauter Verzweiflung Tag und Nacht und sterben letztendlich an Entkräftung.

Eine angemessene Portion Gift aus den frischen Eukalyptusblättern ist also lebenswichtig für die Koalas. Die Fähigkeit, das Futter zu entgiften, muss ein Koalababy aber erst einmal lernen. Gleich nach der Geburt schlüpft es in den Beutel seiner

Mutter. Im Gegensatz zum Beutel eines Kängurus ist der des Koalas unten offen. Um nicht herauszupurzeln, saugt sich das Jungtier sofort an der Zitze fest und verbleibt für drei Monate in dieser Stellung.

Auch wenn diese Haltung zunächst fragwürdig erscheint, erfüllt sie dennoch ihren Zweck. Nach der dreimonatigen Säugezeit bekommt das Junge zusätzlich zur Milch den ersten entgifteten Eukalyptusblätterbrei, den sogenannten Papp, den das Weibchen aus ihrem Blinddarmausgang ausscheidet. Das Koalababy verputzt diesen Kot direkt aus der hinteren Körperöffnung der Mutter. Deswegen ist es auch sinnvoll, dass der Beutel unten offen ist.

Langsam steigert das Weibchen den Giftanteil in der herausgedrückten Babynahrung und gewöhnt ihr Junges zunehmend an höhere Giftmengen. Nach etwa zwölf Monaten ist dieser Vorgang abgeschlossen, und der kleine Koala ist an das tägliche Gift gewöhnt, das er nun durch eigenständiges Fressen von Eukalyptusblättern aufnimmt. In dieser Zeit hat er auch gelernt, Blätter mit den Händen zu greifen und sie sorgfältig zu beschnuppern, bevor er sie frisst. Und ebenso wie seine ausgewachsenen Kameraden wird er die jungen Triebe mit der bekömmlichsten Menge Gift bevorzugen.

Von lebenden und sonstigen Speisekammern

Speisekammern anlegen – das fiel den Menschen erst zur Zeit der ägyptischen Pharaonen ein, als sie mit dem Bau von Pyramiden begannen. Tiere kannten diese Art der Vorratshaltung aber schon Jahrmillionen zuvor. Die Natur hat ihnen den Instinkt dafür verliehen.

Dieser Naturtrieb aktiviert jene Tiere, die keinen Winterschlaf halten. Sie müssen im Herbst fleißig Verpflegung für den bevorstehenden Winter sammeln, denn Frischkost ist in der eisigen und dunklen Jahreszeit kaum aufzutreiben.

Das Hermelin im Norden Lapplands wendet eine bemerkenswerte Technik der Vorratshaltung an. Es ernährt sich hauptsächlich von Lemmingen. Erwischen würde das Hermelin seine Lieblingsbeute im Winter jedoch nicht, denn Lemminge vergraben sich bei Eiseskälte ganz tief in die Erde. Deshalb müssen diese Beutetiere noch vor der Winterzeit eingeheimst werden. Doch wie können die toten Lemminge während des Winters so frisch gehalten werden, dass sie nicht verderben? Ganz einfach: Sie werden haltbar gemacht. Das Hermelin wendet dafür ein geradezu unglaubliches Verfahren an. Es frisst vor Wintereinbruch massenhaft Ameisen, deren Säure den Urin des Hermelins in ein Konservierungsmittel umwandelt. Wird ein toter Lemming mit diesem aufbereiteten Harnstoff bespritzt, bleibt er über Monate hinweg frisch.

Dem Maulwurf steht zwar kein Konservierungsmittel zur Verfügung, aber auch er braucht im Winter nicht zu hungern. Sein Leibgericht sind Regenwürmer, und von diesen Kriechtieren benötigt er etwa zwei Kilogramm, das sind so etwa tausend Stück, um gut über den Winter zu kommen. Aber verzehrfrisch müssen sie bleiben, sonst nützen sie dem Maulwurf nichts. Deswegen beißt er den Würmern einfach das Vorderende ab. Mit dieser barbarischen Methode schafft sich der Maulwurf ein

Vorratslager, in dem sich die Regenwürmer frisch halten, nicht ausreißen können und jederzeit zum Verspeisen bereitstehen. Er schlägt sich also nicht den Bauch voll, sondern nimmt von dem Vorrat immer nur das Nötigste.

Der Bisam frisst sich im Herbst ebenfalls keinen Winterspeck an, sondern baut sich eifrig ein Winterquartier – mit Lebensmitteln! Der gesamte Bau wird mit Blättern von Rüben, Kohl, Kräutern und Wasserpflanzen dick tapeziert. Im Winter reißt der Bisam aus seinem Schlaraffenland eine Schicht nach der anderen ab und weicht die Blätter zum Aufquellen in Wasser ein. Ganz so, als würden wir eine Suppe mit Trockengemüse zubereiten.

Eine wahre Rekordleistung muss das Eichhörnchen vollbringen, um den Winter überleben zu können. In den drei Herbstmonaten muss es etwa zehntausend Nüsse, Tannenzapfen und Eicheln sammeln. Drei Minuten Zeit hat das Eichhörnchen, um neben der alltäglichen Futtersuche eine Nuss für den Wintervorrat zu finden, diese zu pflücken, zu säubern und auf Qualität zu prüfen. Von Schimmel oder Maden befallene Nüsse oder Eicheln taugen nichts und werden schnell weggeworfen. Um genügend Vorräte zu haben, ist das Eichhörnchen stets darauf bedacht, kleine Mengen an verschiedenen Stellen zu vergraben. Aber wie vermag es diese vielen Lagerstätten wiederzufinden, wenn der Boden im Winter hart gefroren und mit Schnee bedeckt ist? Das kleine Nagetier hat eine Art Schatzkarte im Gedächtnis. So kann es sich daran erinnern, dass es beispielsweise von dem großen Haselnussstrauch zwei Meter in nördliche Richtung laufen muss, dann noch zwanzig Schritte nach rechts und schon hat es die im Herbst vergrabene Portion Haselnüsse gefunden.

Eine nicht minder beachtliche Menge an Winterfutter schafft sich der Feldhamster an. Auch er folgt im Herbst der Stimme der Natur und verfrachtet rund fünfzehn Kilogramm Getreide und ebenso viele Kartoffeln, Möhren und Rüben in seinen Bau.

Da alle diese Tiere keinen Winterschlaf halten, ist die Einrichtung von Vorratskammern nur sinnvoll, wenn mit dem

Vorhandenen sparsam umgegangen wird. Schließlich weiß man ja nie, wie lang so ein Winter werden kann. Ob Hermelin oder Hamster, sie alle sind es gewohnt, mit Nahrungsbrocken zunächst in den Bau zurückzuflitzen, um die Leckerbissen erst dort in Deckung und vor Feinden geschützt zu fressen. Dieser Sammeltrieb nimmt im Herbst extrem stark zu und treibt die Tiere hinaus, um tüchtig Wintervorräte zusammenzutragen.

Die Frühjahrsmüdigkeit ist ein wundersames Phänomen.

Im Frühling arbeitet das Sandmännchen auf Hochtouren

Ein wundersames Phänomen übermannt nicht nur viele Menschen, sondern befällt vor allem Tiere: die Frühjahrsmüdigkeit. Selbst Rehe, Kaninchen oder Vögel lassen sich an den ersten schönen Frühlingstagen des Jahres kaum aus ihrem Tiefschlaf locken. Dabei haben Beutetiere an und für sich einen extrem leichten Schlaf, aus Furcht, von Feinden überrascht und gefressen zu werden. Ein leises, aber verdächtiges Rascheln oder das Wittern eines fremden Geruchs genügen normalerweise, um ein Fluchttier auf die Beine zu bringen. Aus diesem Grunde müsste man annehmen, dass gerade Beutetiere die Schlafsucht im Frühjahr mit dem Leben bezahlen. Doch weit gefehlt: Auch Raubtiere verschlummern diese warmen Frühlingstage und stellen für die sonst Gejagten keine Gefahr dar.

Welchen tieferen Sinn hat diese bleierne Müdigkeit eigentlich? Es handelt sich dabei um eine drei bis vier Wochen anhaltende Ruhephase, die vor allem bei verfrühtem und unbeständigem Wärmeeinbruch einsetzt. Frösche und Kröten sind zum Beispiel besonders frühjahrsmüde. Ihre Körpertemperatur schwankt mit der Wärme und Kälte der Luft. Damit sie bei plötzlich zurückkehrendem Frost im Frühjahr nicht erfrieren, brauchen sie also eine zuverlässige Wettermeldung. Bei drohender Frostgefahr ruft Mutter Erde diese Tiere deshalb einfach wieder zurück in den Schlaf.

Die Frühjahrsmüdigkeit ist also eine Art Wetterwarnung. Die ersten warmen Tage nach einem langen Winter lösen nicht nur beim Menschen, sondern auch bei Wolf, Reh, Hase und anderem Getier Übermut aus. Das schöne Wetter regt den Tatendrang kräftig an. Damit sich kein Wildtier aus dieser Laune heraus zu weit von seiner Schlafstätte entfernt, wird der Unternehmungsgeist einfach ausgebremst. Gerade in den ersten Monaten des Jahres gibt es auch nach warmen Tagen noch immer Frosteinbrüche, die den meisten Tieren gefährlich werden können. Durch das Schlappheitsgefühl bleiben sie aber in der Nähe ihrer schützenden Nester und Höhlen.

Wenn die Frostgefahr erst einmal vorüber ist, gibt es kein Halten mehr. Die Frühjahrsmüdigkeit ist überstanden und der Lebensfreude sind keine Grenzen mehr gesetzt. Es beginnt die aufregende Zeit der Balz und Brautschau.

Applaus!

Los geht's: Schwanzfedern schütteln … den ganzen Körper wippen lassen – auf und ab … und wieder Schwanzfedern schütteln … mit dem Kopf nicken … nun Wassertropfen ins Publikum schleudern … noch einmal kräftig die Schwanzfedern schütteln … Flügel in die Luft recken – hoch! … die Herzensdame anblicken … ihr zunicken – zwo – drei … den Hinterkopf zeigen … fertig! Und das Ganze von vorn …

Beim Ententanz auf dem Wasser darf sich der Erpel keinen Fehler erlauben, sonst wird er von den Entendamen nicht länger beachtet. Und die Konkurrenz ist groß. Von überall her kommen sie, die Erpel auf Brautschau, um für die Weibchen zu tanzen. Gelingt es einem Erpel jedoch, den Reigen fehlerfrei darzubieten, kann es mitunter passieren, dass die eine oder andere Ente verzückt die Zuschauerränge verlässt und dem hinreißenden Tänzer eifrig nickend entgegenschwimmt.

Aber es gibt auch andere beeindruckende Interpreten in der Vogelwelt. Berühmt sind vor allem die Sänger der ehrenwerten Familien Nachtigall, Amsel, Lerche, Zaunkönig und Kanarienvogel. Singvögel drücken ihre Liebe durch Lieder aus. Es ist wissenschaftlich erwiesen, dass sie außerordentlich musikalisch sind und in ihrer Melodiensammlung eine enorme Vielseitigkeit vereinen. Nur das Vogelmännchen, das die höchste Treffsicherheit in den Tönen beweist und den perfekten Rhythmus darbietet, hat beim Vogelweibchen eine Chance.

Wer in der Vogelwelt weder tanzen noch singen kann, wird durch Äußerlichkeiten beeindrucken wollen. Pfaue, Goldfasane, Auerhähne, Paradiesvögel, Nymphensittiche und viele andere Vogelarten kommen zu regelmäßigen Schönheitswettbewerben zusammen, denn die Männchen sind mit traumhaft schönem Gefieder ausgestattet, das sie oft sogar nur einem einzigen Weibchen präsentieren wollen. Sie plustern sich vor der Vogeldame auf und spreizen ihre wunderschönen Federn, damit auch bloß jede Farbnuance und jeder Effekt registriert werden kann. Das Weibchen wird den Schönsten unter den Bewerben wählen, da sie ihn gleichzeitig für den Lebenstüchtigsten hält.

Es gibt aber auch Vogelarten, die vielleicht nicht mit gnadenloser Schönheit gesegnet sind und dennoch ein hohes Schönheitsempfinden verspüren. Das sind die Innenarchitekten unter den Vögeln. Die große Familie der Laubenvögel liebt es, prunkvolle Liebesnester zu gestalten. Diese Liebeslauben sind enorm groß, und je mehr konkurrierende Männchen in der Umgebung sind, desto höher wird gebaut. Jeder will schließlich das beeindruckendste Bauwerk präsentieren können. Noch wichtiger ist es ihnen allerdings, die Nester auszuschmücken. Dafür verwenden die Laubenvögel Beeren, Blüten, Schneckenhäuser, bunte Steinchen und Harzperlen. Der männliche Seidenlaubenvogel malt die Wände seiner Liebeslaube sogar an. Er stellt aus einem Gemisch von Früchten und Speichel Farbe her und fertigt sich einen Pinsel aus ausgefaserten, trockenen Blättern an. Dann bringt er mit dem Schnabel die Farbmasse auf den Pinsel, nimmt diesen in den Schnabel und bemalt die Wand.

Tanzen, singen, darstellen oder dekorieren – warum betreiben Vögel einen solchen Aufwand? Wollten Vogelmännchen ihre sexuellen Bedürfnisse ohne Umwege offenbaren, würde das die Weibchen in Angst und Schrecken versetzen. Sie sind sich schließlich fremd und müssen sich zunächst positiv aufeinander einstimmen. Und so stellt das Männchen seine Lustgefühle durch Tanz, Gesang, rauschende Prachtfedern oder ein geschmücktes Nest dar. Die Herzensdame schaut bei seiner Vorstellung zu, und ist diese gelungen, werden Glücksgefühle in ihr ausgelöst. Sobald sie den Wunsch verspürt, sich fester an das Männchen zu binden, wird sie applaudieren und ihre Begeisterung über die Darbietung zeigen.

Der schöne Schein trügt

In Zoos und Tierparks auf der ganzen Welt vermögen Pfauen-
hähne das menschliche Auge mit märchenhafter Farbenpracht
zu verwöhnen, wenn sie die Schleppe ihrer Schmuckfedern zu
einem Rad fächern. Da erstrahlen dann über hundert Augen
in berauschendem Glanz – einem Himmel gleich, an dem die
Sterne nur so funkeln. Und dennoch: Der schöne Schein trügt.
Pfauen sind ausgesprochen angriffslustig und verfügen über
eine enorme Kampfkraft. Lebensuntüchtig und geziert sind
sie kein bisschen.

In seiner indischen Heimat wird der Pfau als Beschützer gegen wilde Tiere sogar richtig gern gesehen. Er verspeist mit
Vorliebe Schlangen, und selbst beachtliche Raubtiere wie Strei-
fenhyänen und kleinere Raubkatzenarten trauen sich kaum
in die Nähe des Prachtvogels, weil er ihnen mit Sicherheit ordentlich das Fell gerben würde. Überhaupt greifen Pfaue gern
jeden an, der ihnen vor den Schnabel läuft – ganz gleich ob
Tier oder Mensch.

Der Pfau hat aber auch Feinde, gegen die er nicht ankommt,
wie beispielsweise Tiger oder Leoparden. Aber springt der Pfau
durch sein schillerndes und funkelndes Balzkleid dem Feind
nicht geradezu ins Auge? Beileibe nicht, denn sein Federkleid
ist – zumindest in seiner Heimat, dem indischen Dschungel –
die perfekte Tarnung: Sonnenstrahlen durchdringen nur ver-
einzelt das Blätterdach des Regenwaldes und zeichnen auf die
wenigen beschienen Stellen kleine Lichtkreise, die teilweise
bunt schillern – genau wie die Schmuckfedern des Pfaus.

Die Pfauenweibchen – obwohl wesentlich schlichter gefiedert
als ihre männlichen Gegenstücke – sind in Sachen Fortpflanzung federführend. Je unauffälliger die Prachtentfaltung eines
Hahnes, desto geringer stehen für ihn die Chancen, eine Henne
abzubekommen. Das schönste Pfauenmännchen ist gleichsam
das kräftigste und beherrscht die Kunst des Überlebens. Und

nur ein so hervorragend veranlagter Hahn ist für das anspruchsvolle Weibchen gerade gut genug.

Die vielen rätselhaften Augen auf seinen Schmuckfedern steigern die Chancen für den liebeshungrigen Pfauenhahn. Denn der Anblick von zwei Augen hat im Tierreich eine besonders nachhaltige Wirkung: Zum einen starrt ein Tier ein anderes mit regungslosen Augen an, wenn es das zukünftige Opfer fressen will. Zum anderen gibt es noch den fürsorglichen Blick einer Tiermutter auf ihre Sprösslinge, und auch bei der Balz spielt das Anblicken eine wichtige Rolle.

Und so entfaltet das Männchen vor den Augen seiner Angebeteten die ganze Pracht seiner Schmuckfedern. Das Weibchen schreitet unmittelbar vor das gefächerte Rad und lässt sich von dem Zauber seiner Schönheit betören. Dabei tut die Henne ganz verlegen und pickt nach nicht vorhandenem Futter auf dem Boden herum – ganz so, als sei sie rein zufällig zum Fressen vorbeigekommen. Der liebestolle Hahn balzt nun um seine Herzensdame herum und wartet mit vor Erregung zitternden Federn darauf, dass sie sich vor ihm niederlegt. Erst dann hat er sie wirklich erobert und darf zur Paarung schreiten.

Schönheit ist beim Pfauenhahn also gleichzusetzen mit Kampfeskraft, Angriffslust und der Fähigkeit zu überleben. Sein Lebensziel ist es, ein Weibchen zu erobern – und hat er das erst einmal erreicht, will er nicht mehr von ihr weichen.

Tierisch gute Sportskanonen

Längst wäre der Mensch von reißenden Tieren ausgerottet, hätte er nicht schon vor Urzeiten sein Großhirn besessen. Denn körperlich sind wir Menschen den Tieren völlig unterlegen. Der Mensch ist zu Fuß extrem langsam, seine Muskelkraft wird von den meisten Tierarten übertrumpft und Raubtiere oder Affen hätten guten Grund, sich über das harmlose Gebiss des Menschen schlapp zu lachen. Einen angemessenen Körperschutz wie einen Panzer weist der Mensch auch nicht auf.

Aber nicht nur in puncto Verwundbarkeit hat der Mensch schlechte Karten, auch in anderen Bereichen könnten Tiere ihm die Laune gehörig verderben – zum Beispiel im Sport. Welche Ergebnisse würden Tiere wohl erzielen, wenn sie sich bei Wettkämpfen mit uns Menschen messen wollten?

Das sportliche Selbstwertgefühl eines Menschen würde beim 100-Meter-Lauf schon schlagartig sinken. Läuft der 100-Meter-Sprinter beispielsweise eine Zeit von 9,9 Sekunden, wären das in Geschwindigkeit ausgedrückt nur 36,4 km/h. Da ist fast jeder gesunde Hund schneller. Der Windhund würde hier mit 65 km/h das Feld anführen. Wäre eine Gazelle bei dieser Disziplin mit von der Partie, würde die Stoppuhr eine Zeit von 3,8 Sekunden anzeigen. Der Gepard könnte als schnellstes Säugetier der Welt die Gazelle ausstechen und den Sieg einstecken – es ist nur fraglich, ob er überhaupt im Ziel einträfe. Wahrscheinlicher ist, dass er auf den Pokal verzichten und sich stattdessen mit der Gazelle als Siegesprämie begnügen würde.

Im Kurzstreckensprint gibt es noch weitere aussichtsreiche Kandidaten: Vogel Strauß lässt bei einer Geschwindigkeit von 72 km/h den etwas langsameren Hasen hinter sich, während Giraffe und Dromedar bei 50 km/h weiter hinten im Feld anzutreffen wären. Irgendwann kommt dann auch der schnellste Mensch bei der schon erwähnten Geschwindigkeit von 36,4 km/h angeschlichen.

Der schnellste Schwimmer wäre der Thunfisch, denn er erzielt auf 100 Metern eine Geschwindigkeit von 75 km/h. Bei Tempo 70 flitzt ein Schwertfisch durchs Wasser, dicht gefolgt vom Fliegenden Fisch. Der Aal bringt es immerhin noch auf 12 km/h. Ergebnis beim 100-Meter-Freistil der Menschen: 7 km/h.

Der Weitsprung ist die aussichtsreichste Disziplin für das Riesenkänguru, das seine Konkurrenten bei einer Weite von 13,5 Metern aussticht. Ein kleinerer Vertreter der Affenarten, der Gibbon, hopst stattliche 12 Meter weit. Eine echte Sportskanone ist aber auch der Rothirsch: Mit einem Satz von 11 Metern landet er auf Platz drei.

Der Gorilla schiebt sich beim Gewichtheben mit 890 Kilogramm gern in den Vordergrund und drängelt damit den eigentlichen Champion, die Ameise, in den Schatten. Wie Forscher exakt gemessen haben, trug eine Ameise von 0,0028 Gramm Körpergewicht eine Raupe mit einem Gewicht von 0,1454 Gramm in den 42 Meter entfernt gelegenen Ameisenbau. Sie benötigte dafür eine halbe Stunde. Ein 70 Kilogramm schwerer Mensch müsste schon ein Gewicht von 3,5 Tonnen stemmen können, um sich mit der Ameise zu messen.

Zum Meister im Turmspringen wäre der Wasserfrosch zu ernennen. Sein Sprung ist besonders schnittig. Elegant und ohne Wasserspritzer zu verursachen, taucht er in die Wasseroberfläche ein. Zum Schluss noch eine Meldung vom Wasserball: Hier sind die Delfine Tabellenführer. Platz zwei belegen die Robben.

Es wird wohl dennoch kaum einen Sportler geben, der sich angesichts dieser tierischen Leistungen einschüchtern ließe. Im Kampf ums Überleben bleibt der Mensch fast immer der Sieger. Doch das liegt ganz sicher nicht an seinen körperlichen Fähigkeiten, einzig und allein sein ausgeprägtes Gehirn erhebt ihn zum Regenten dieser Erde.